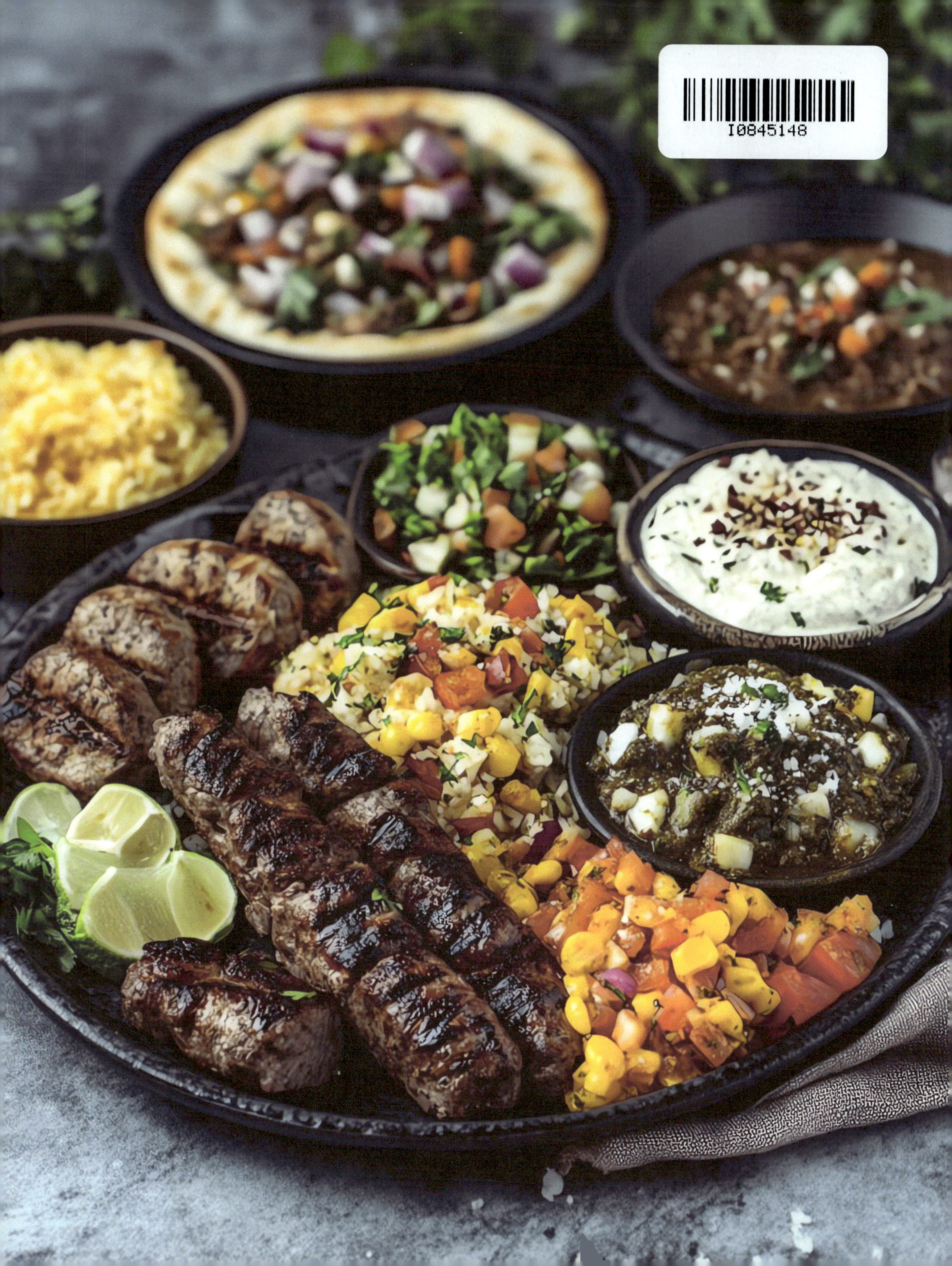
I0845148

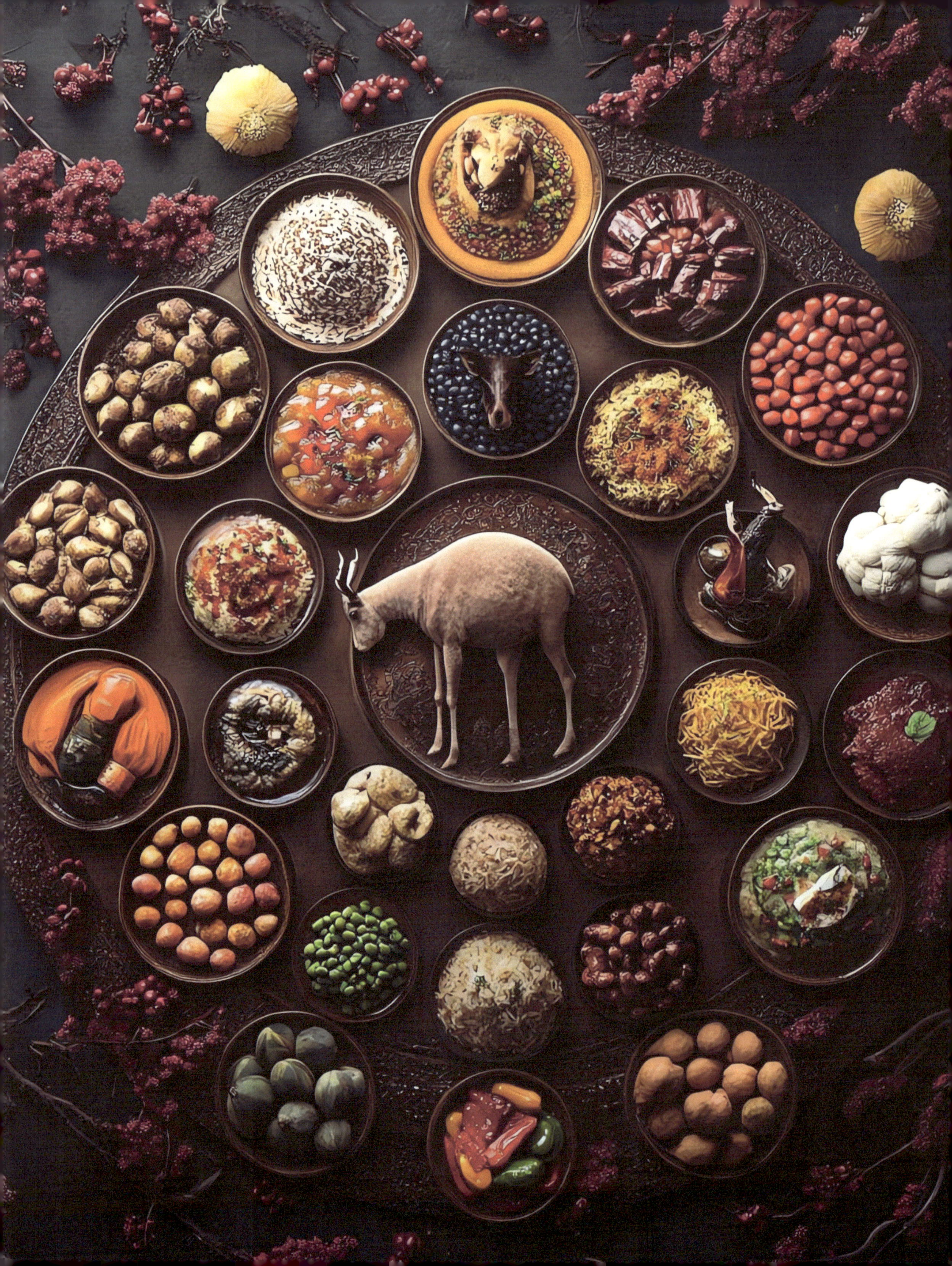

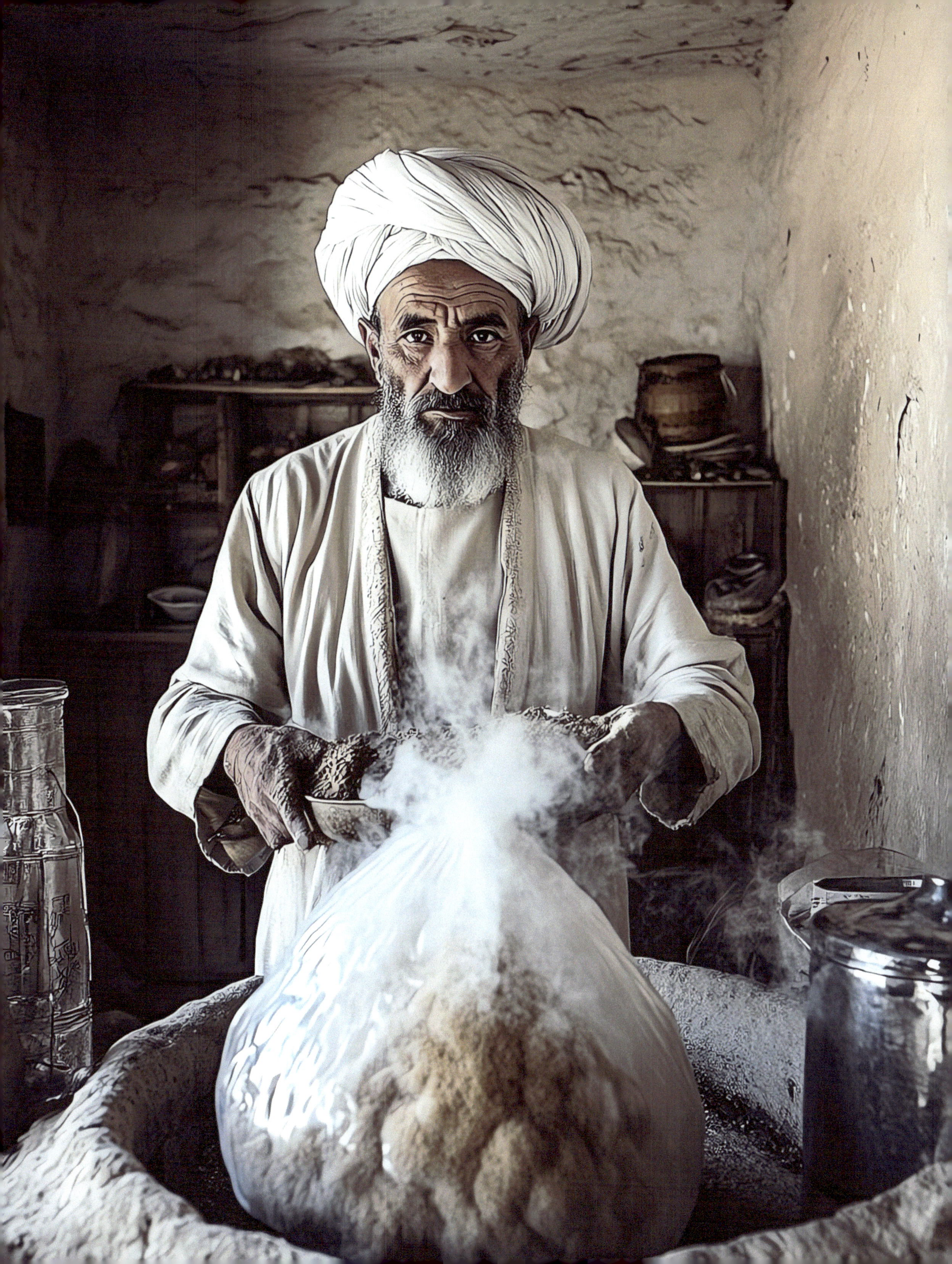

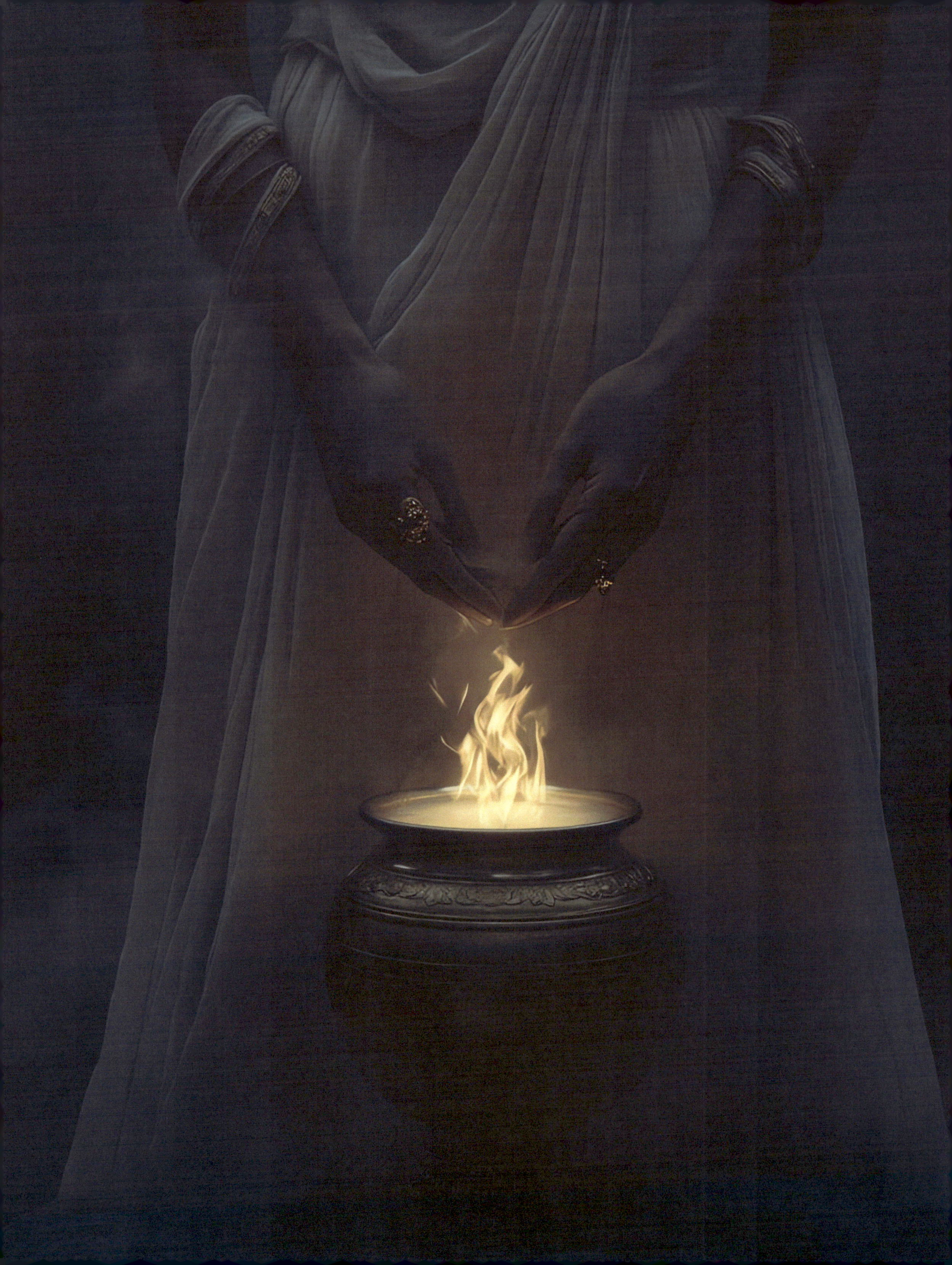

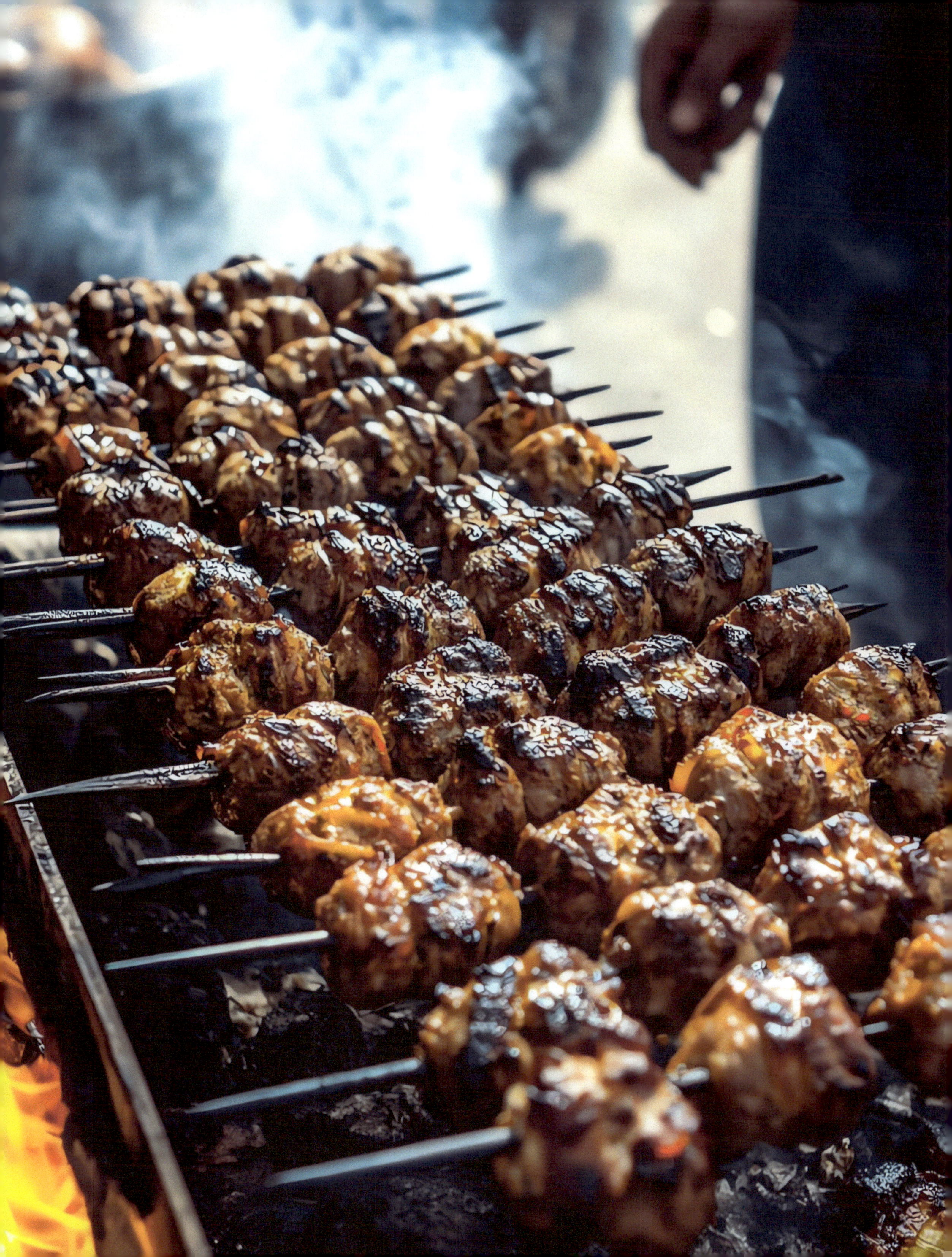

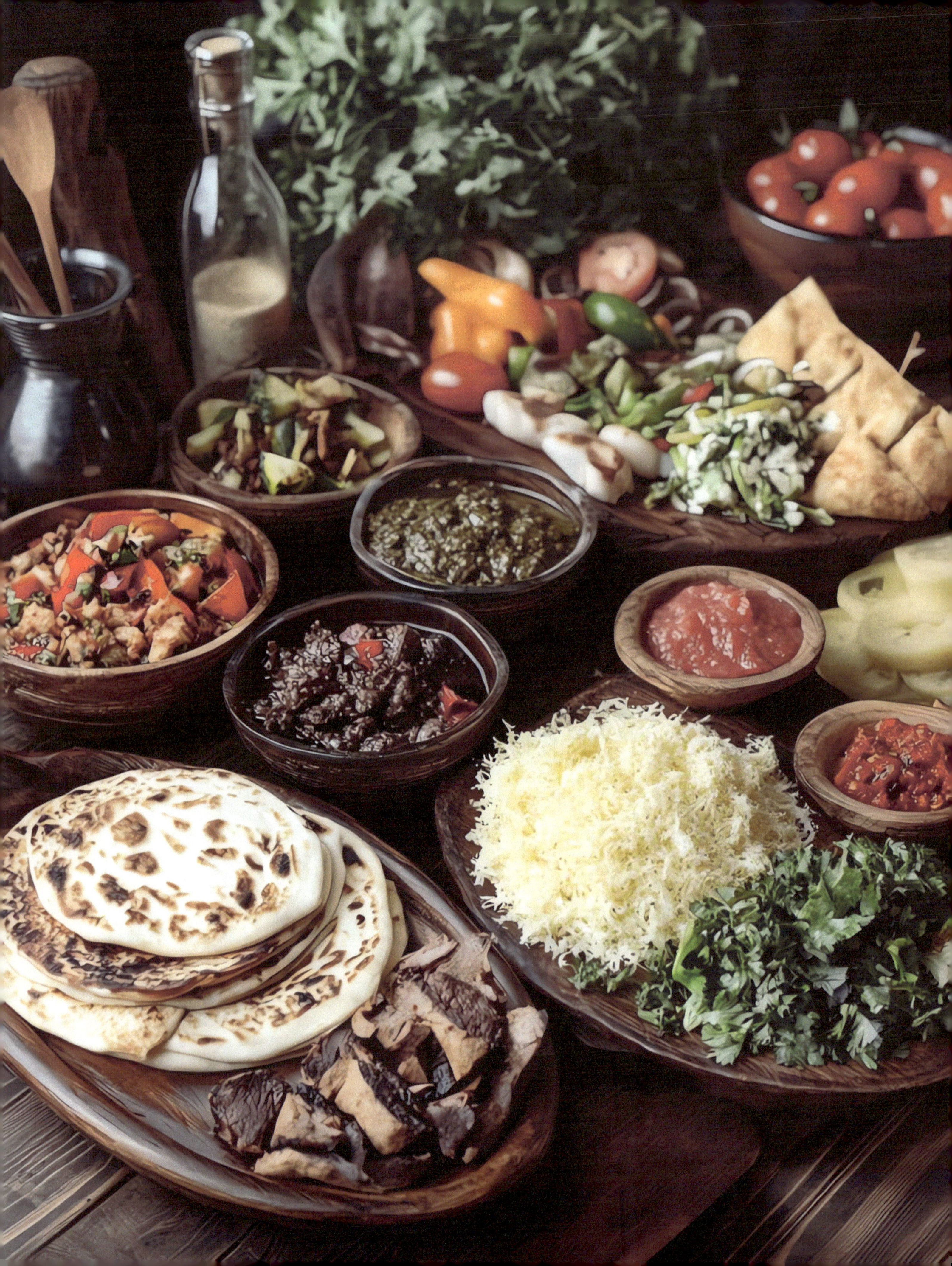

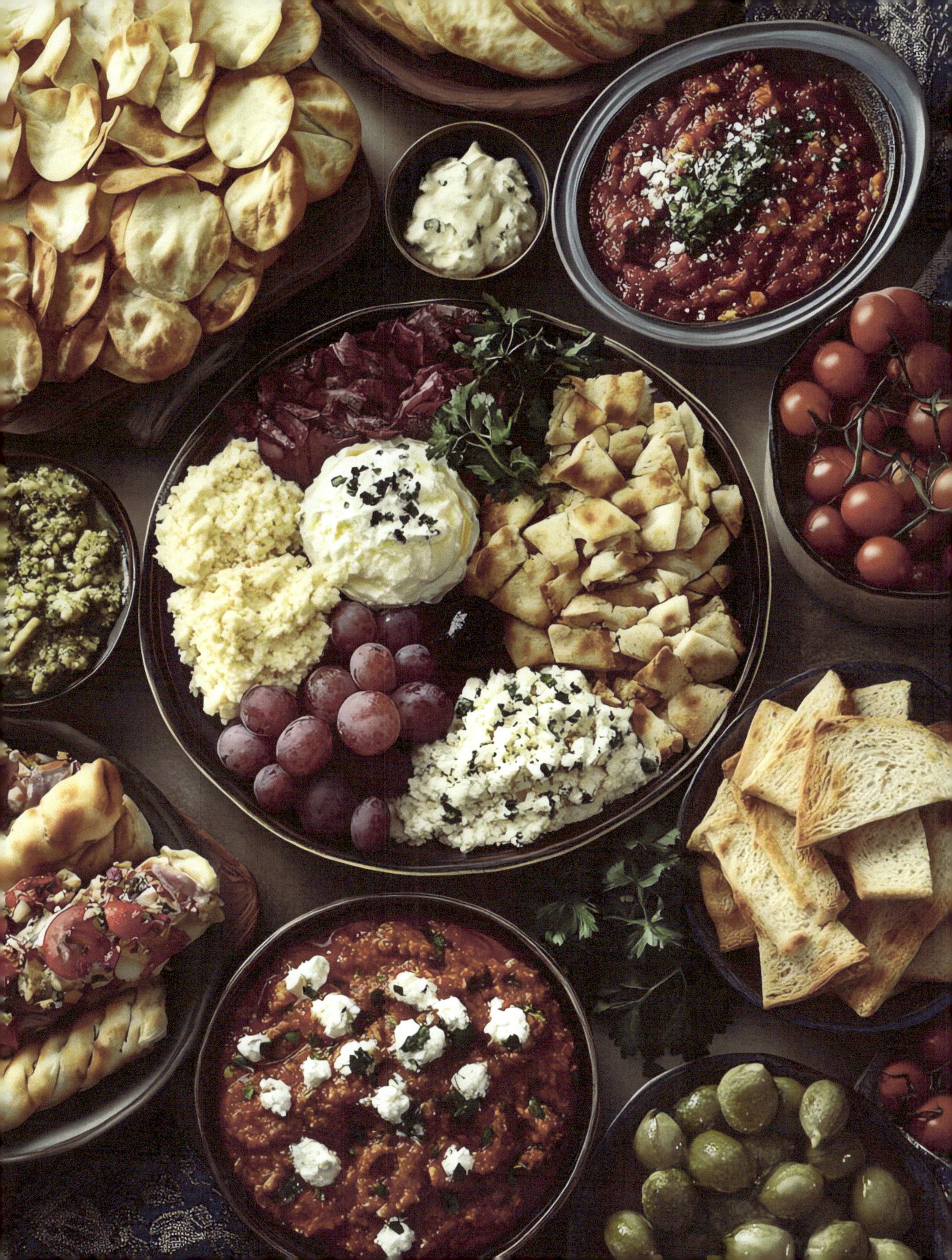

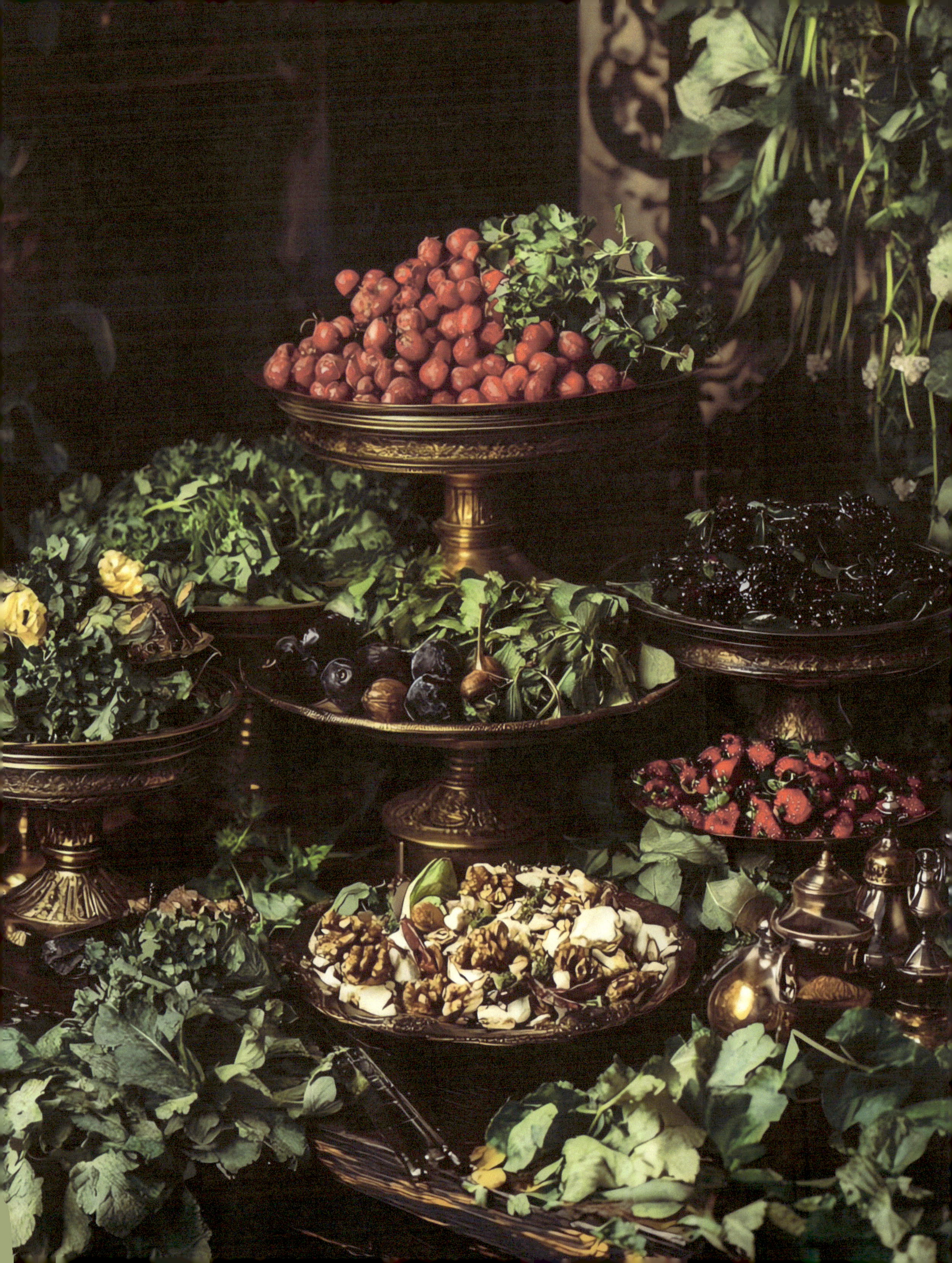

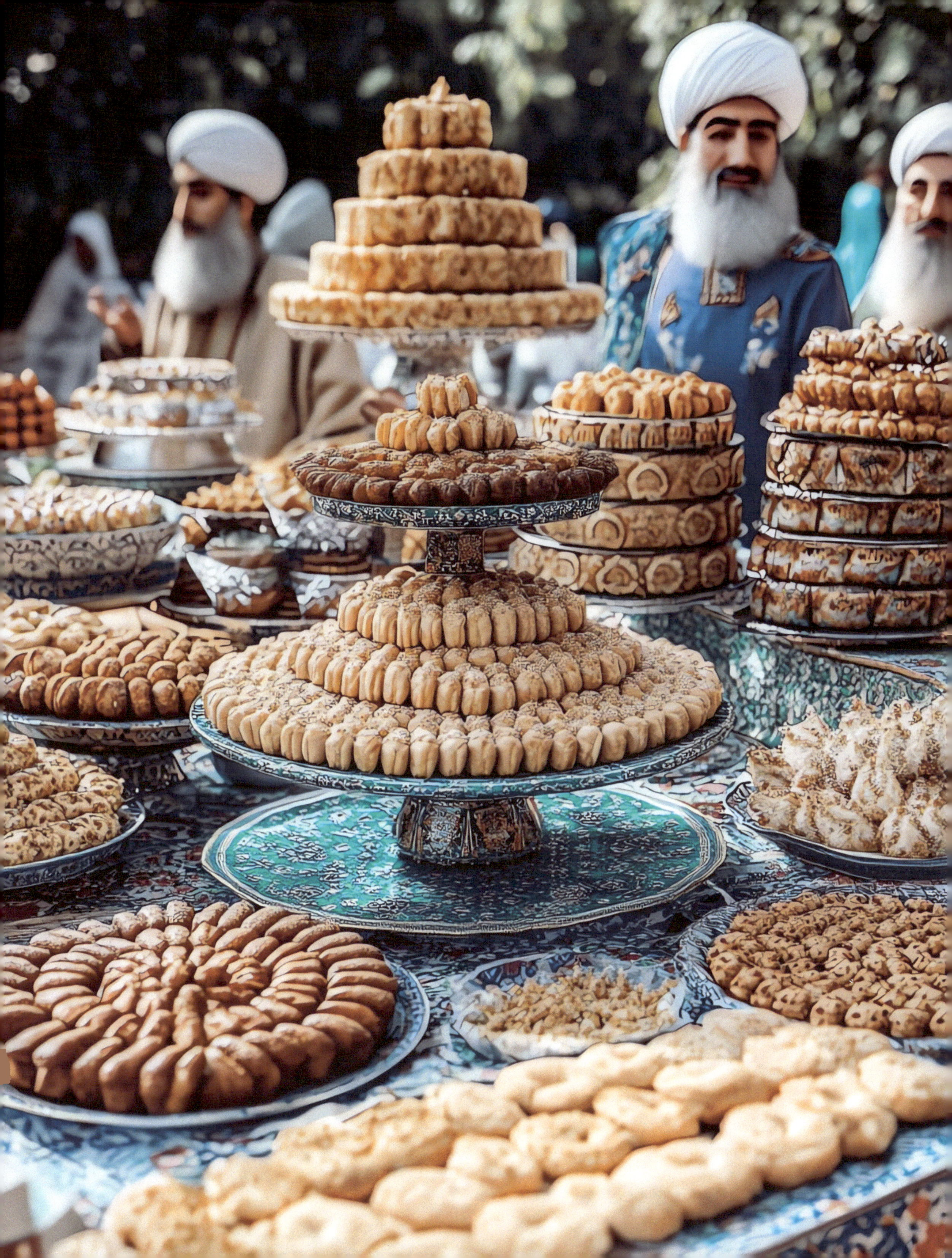

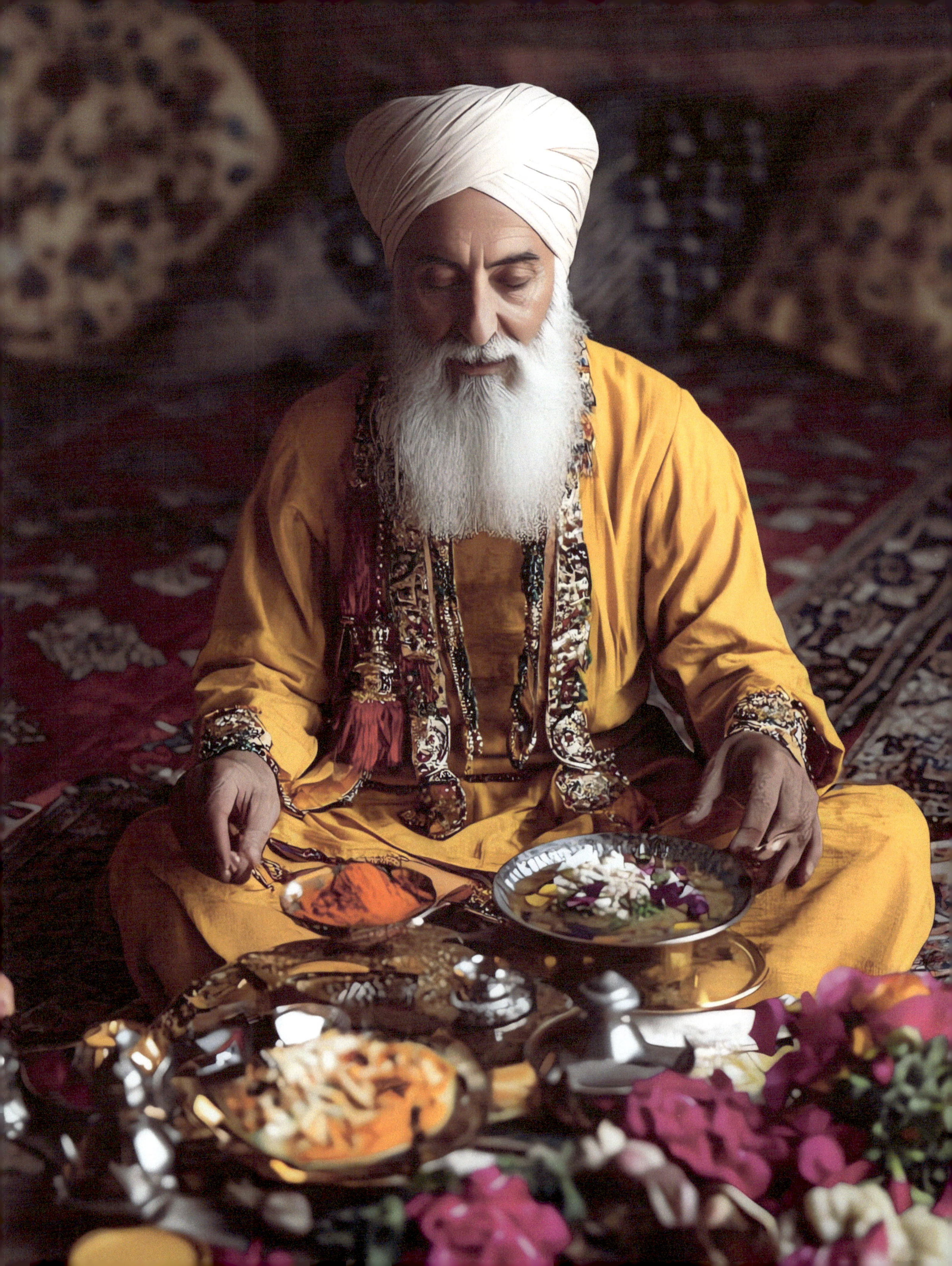

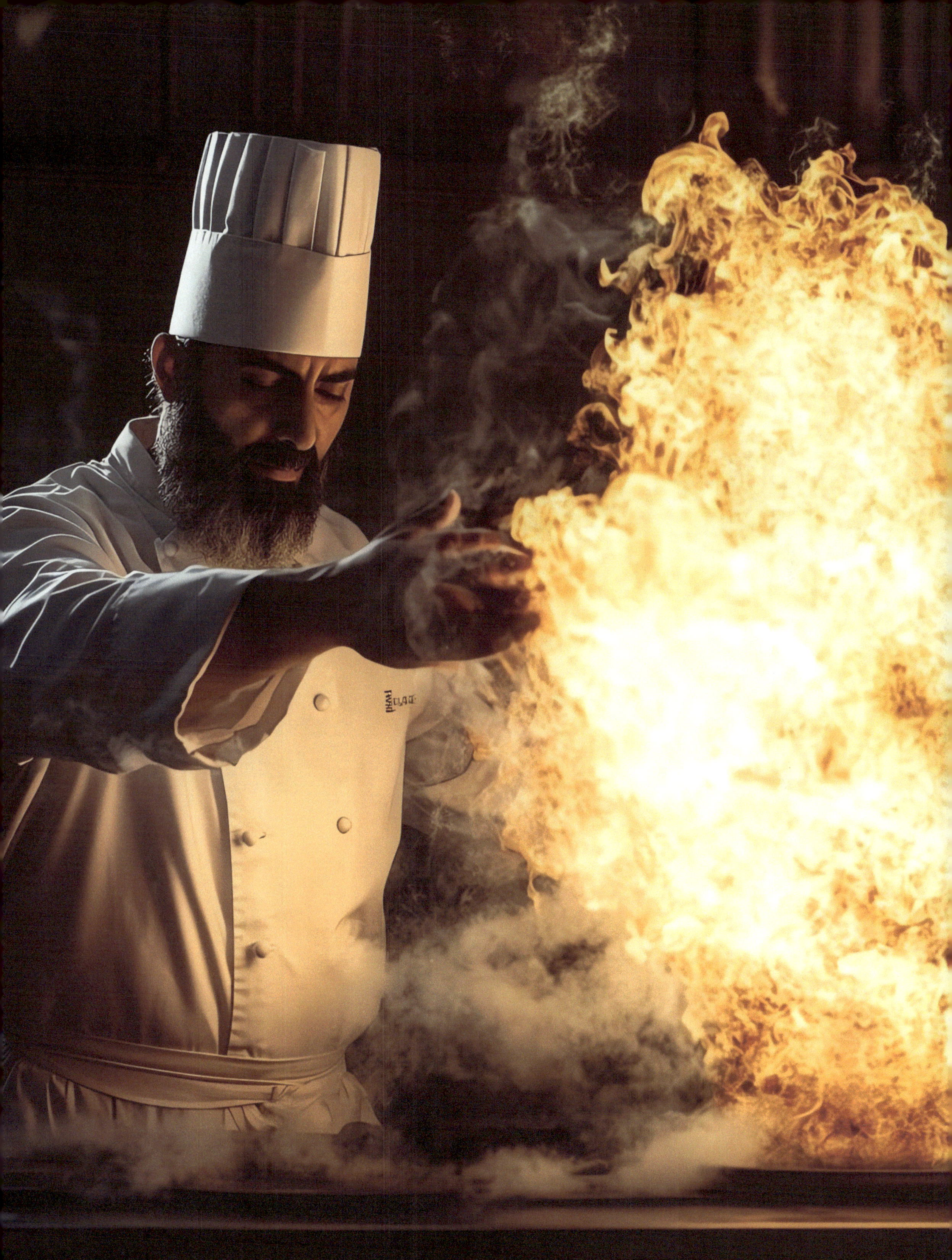

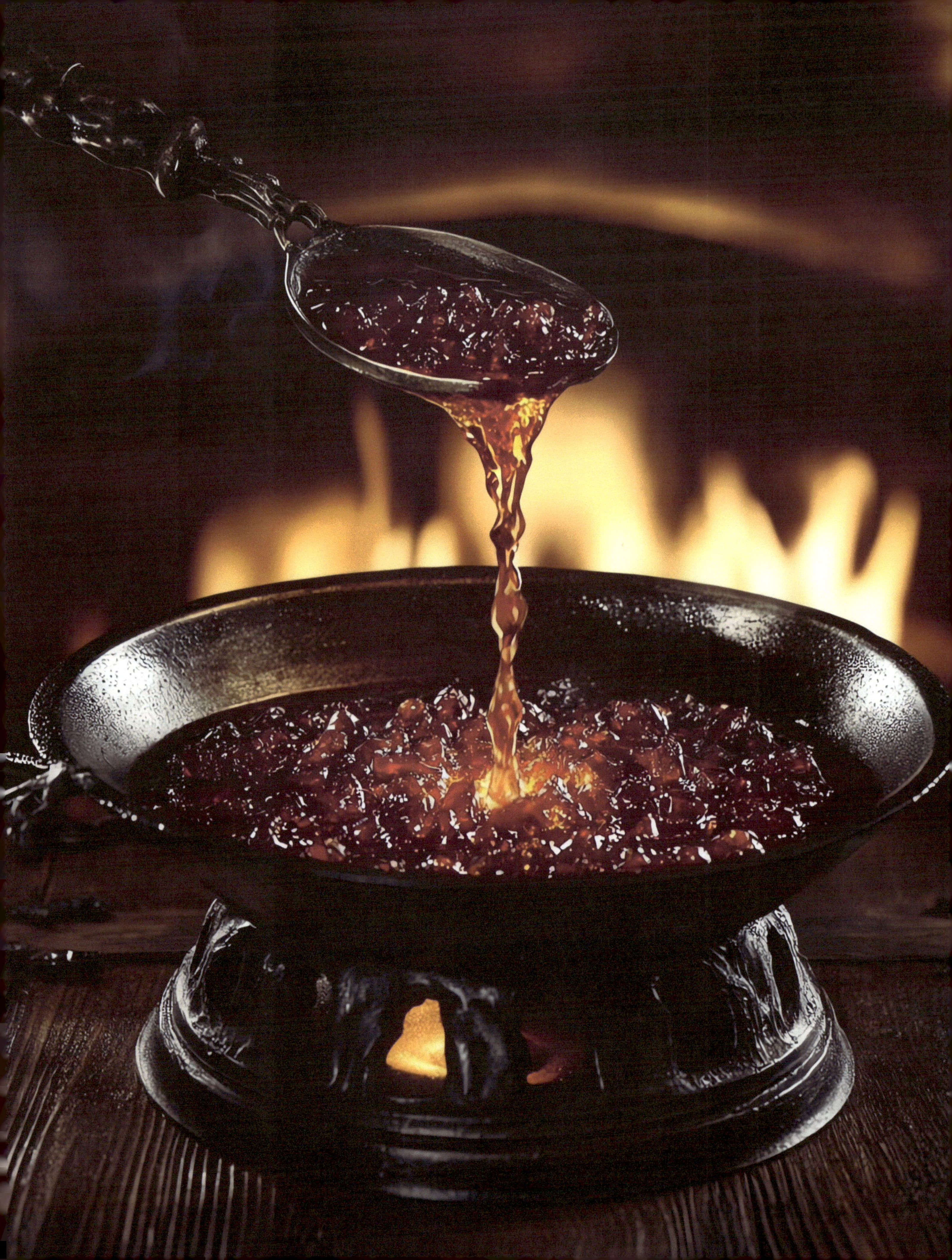

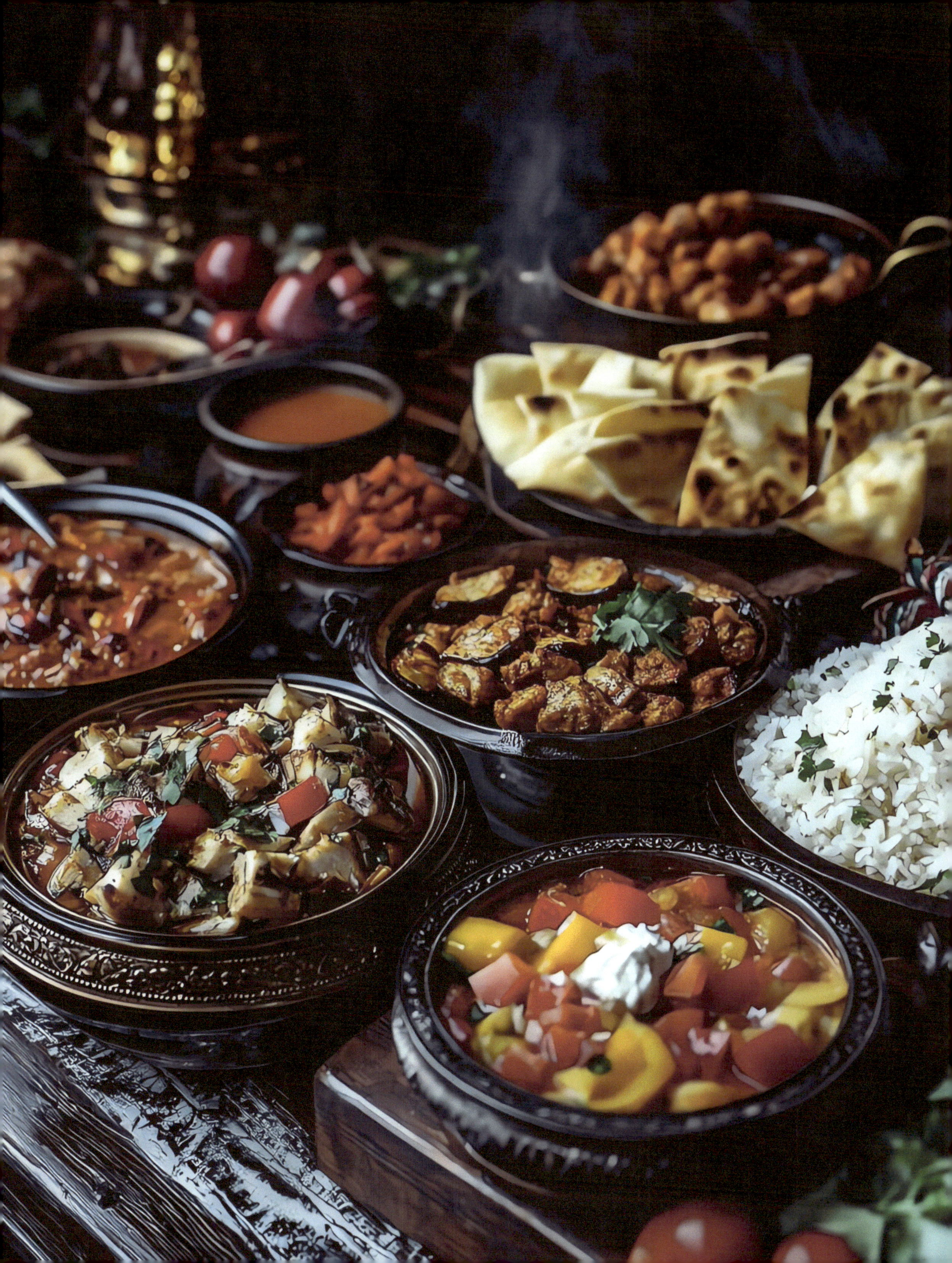

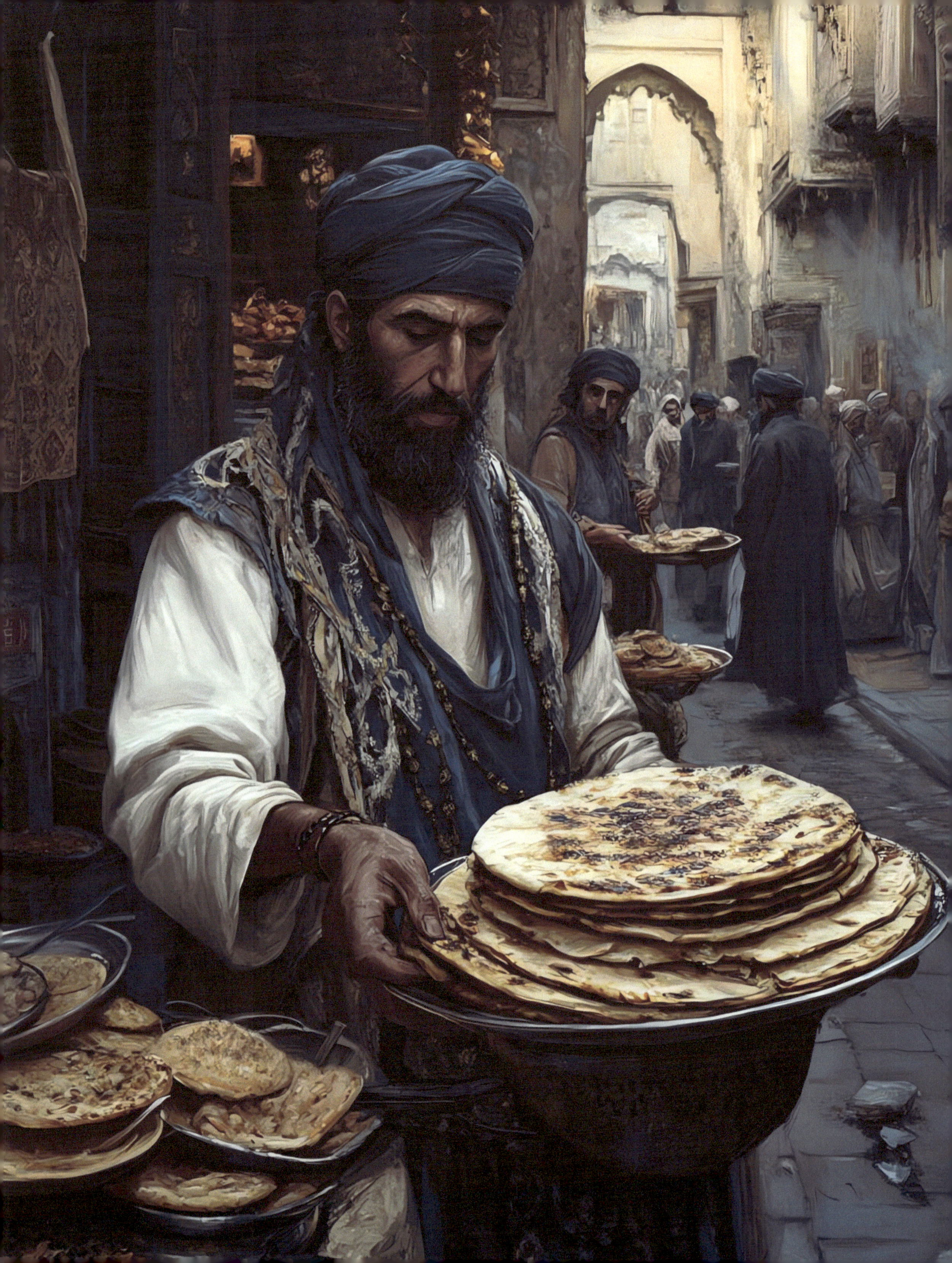

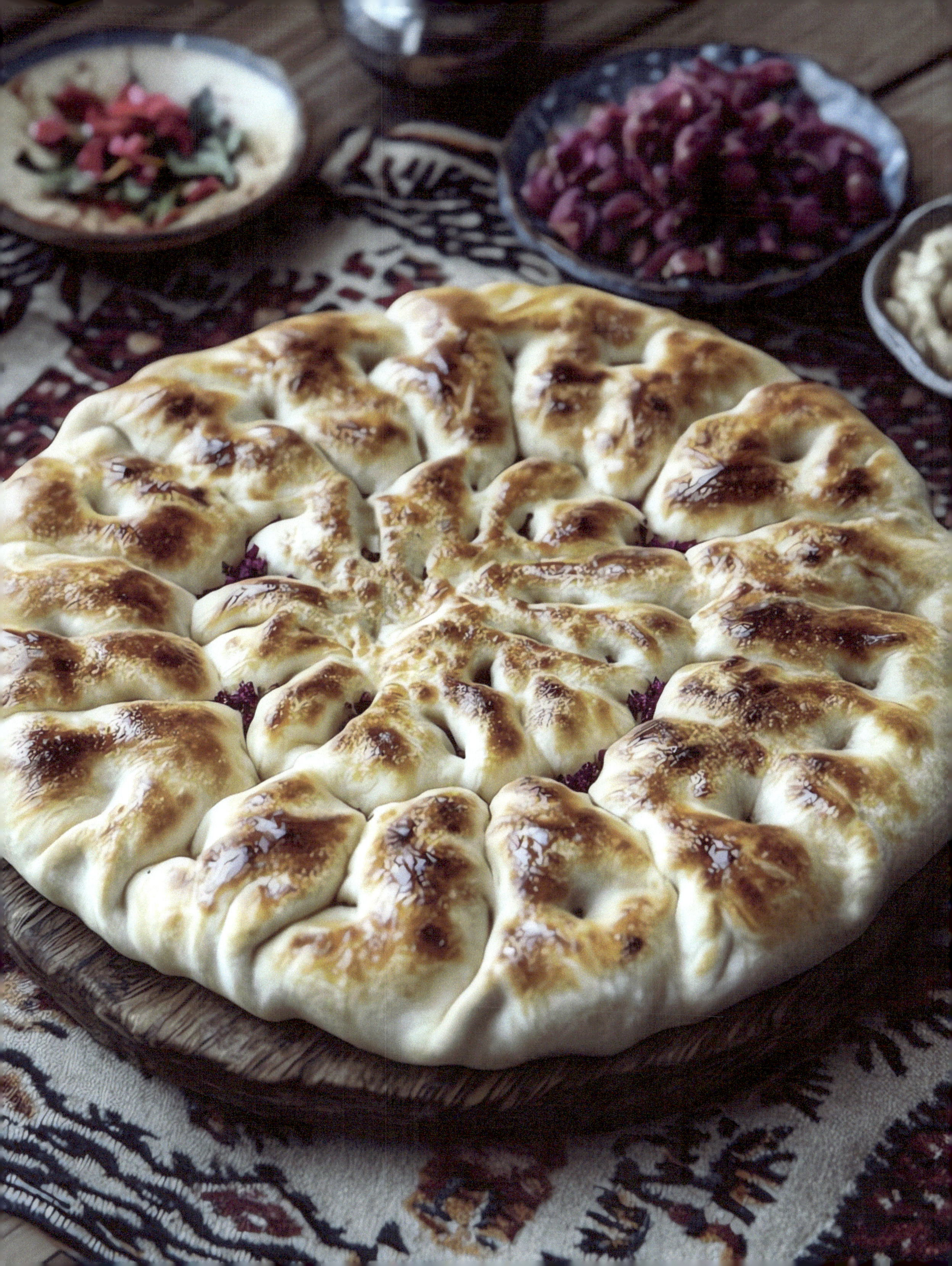

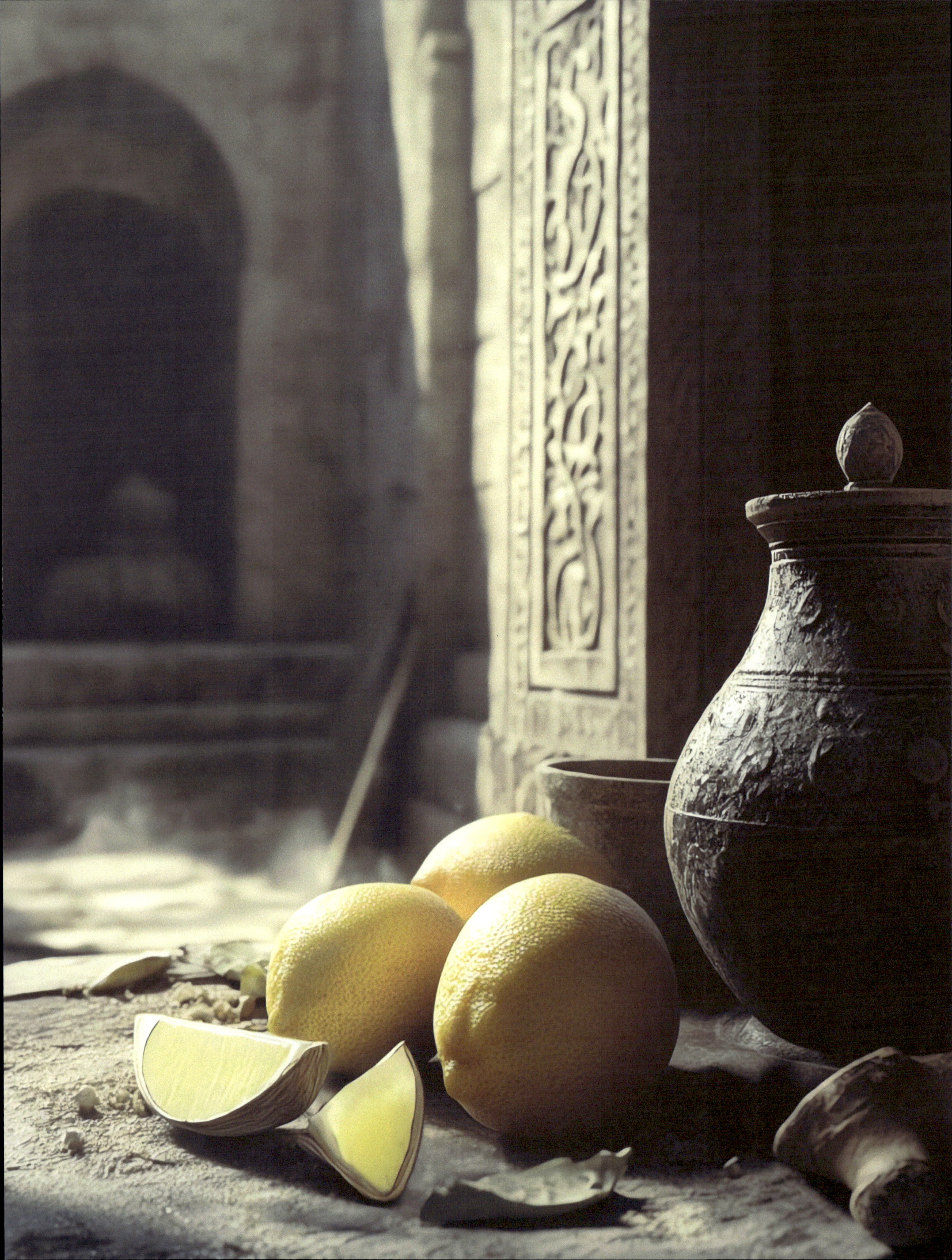

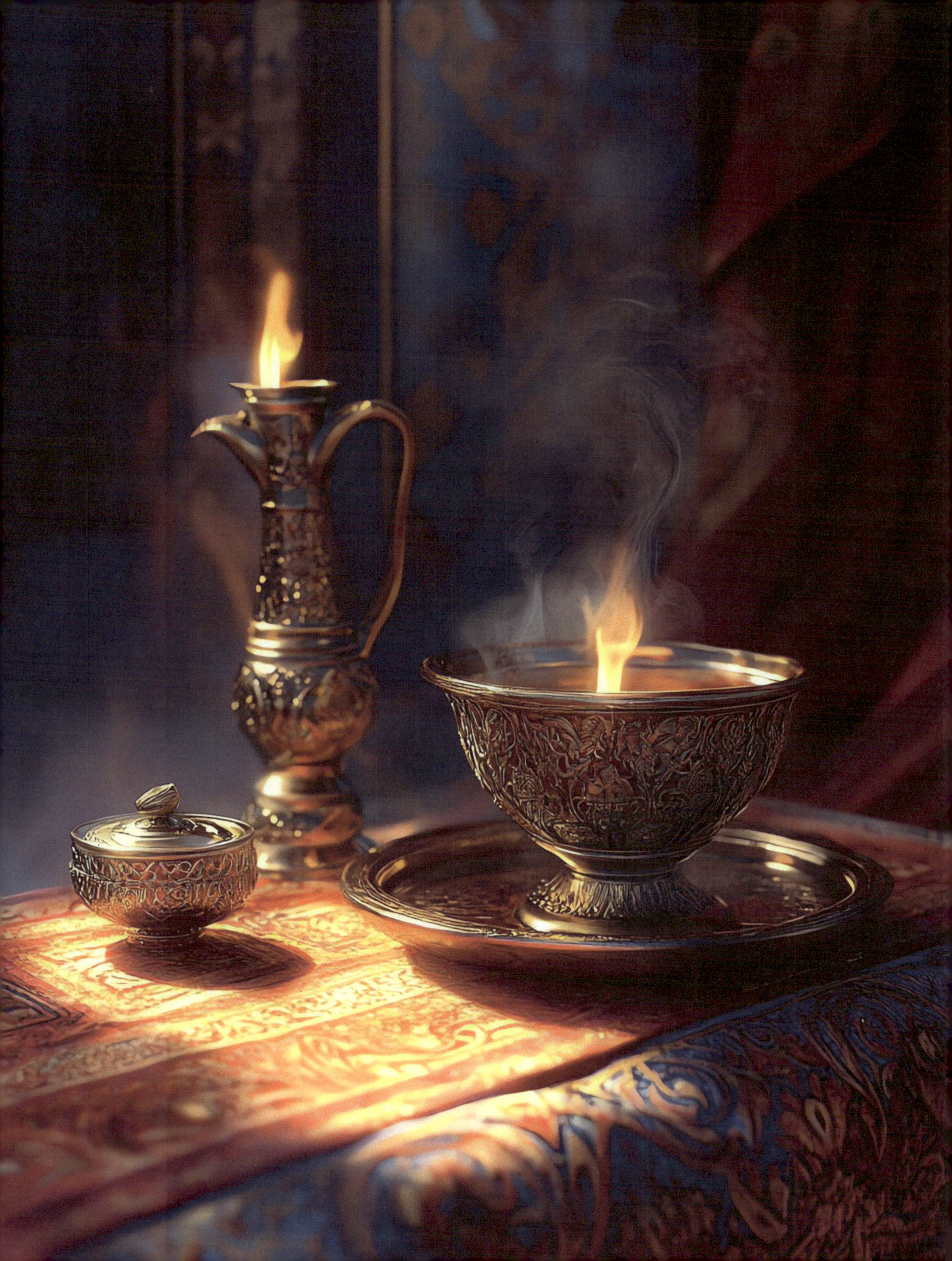

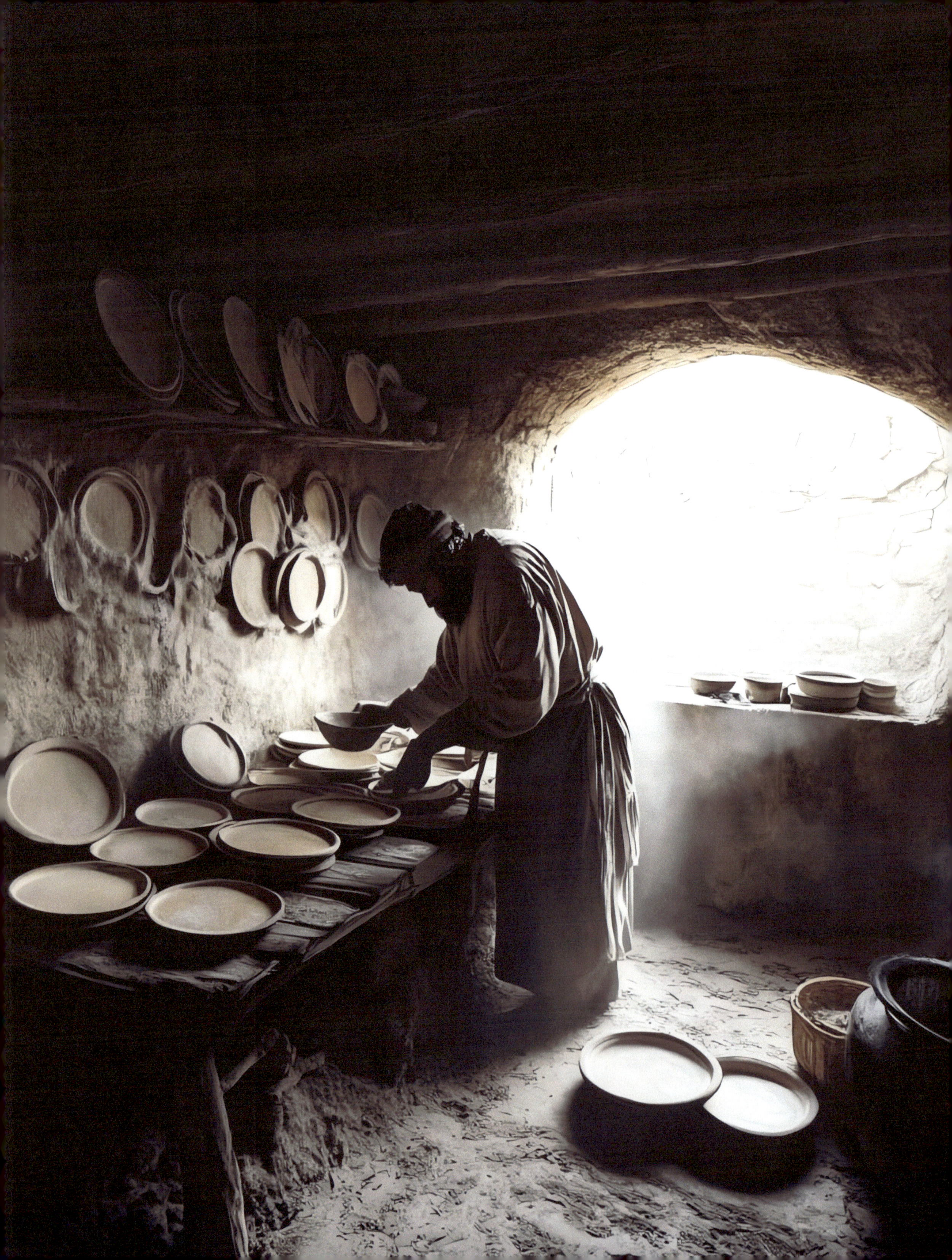

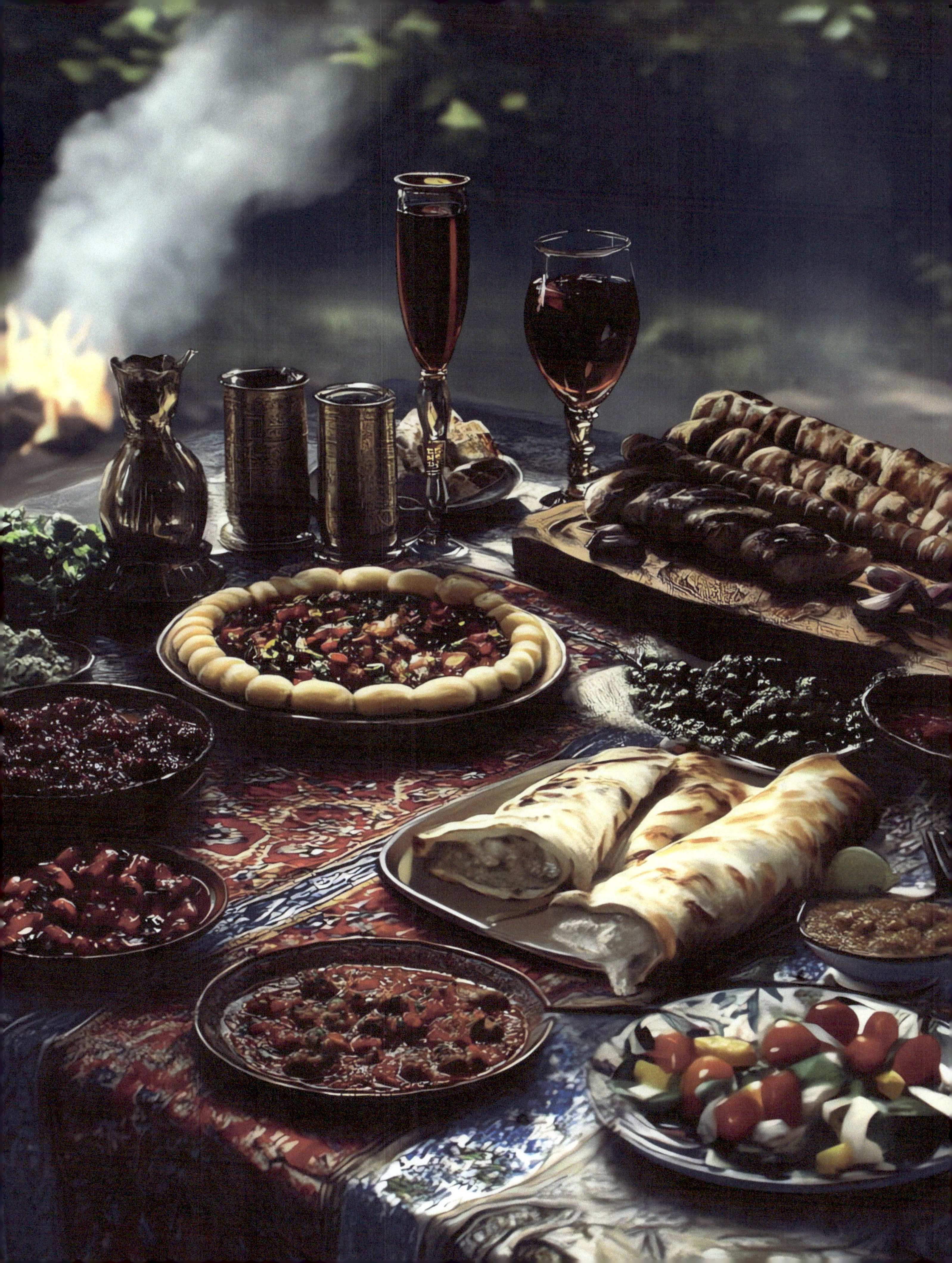

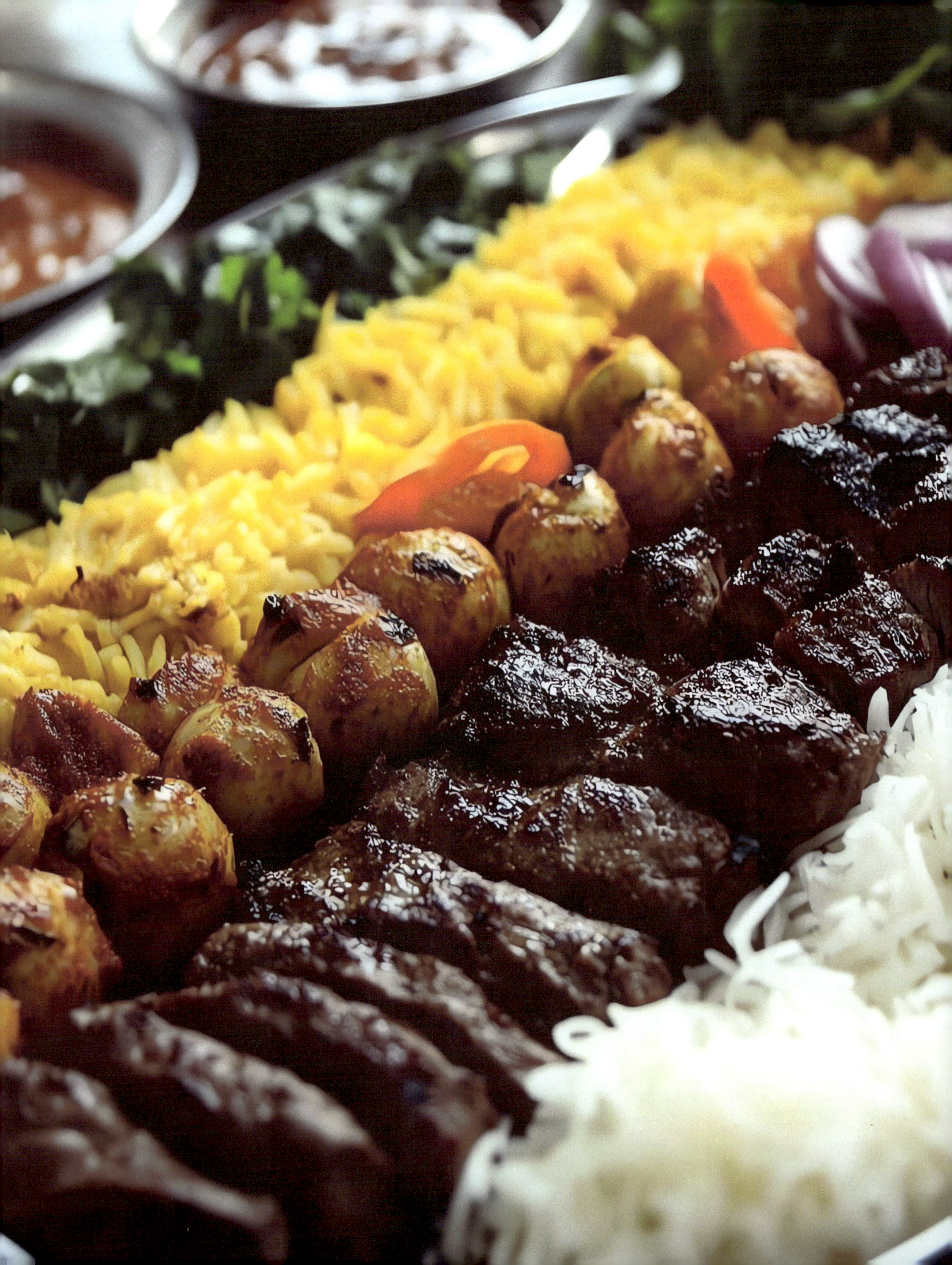

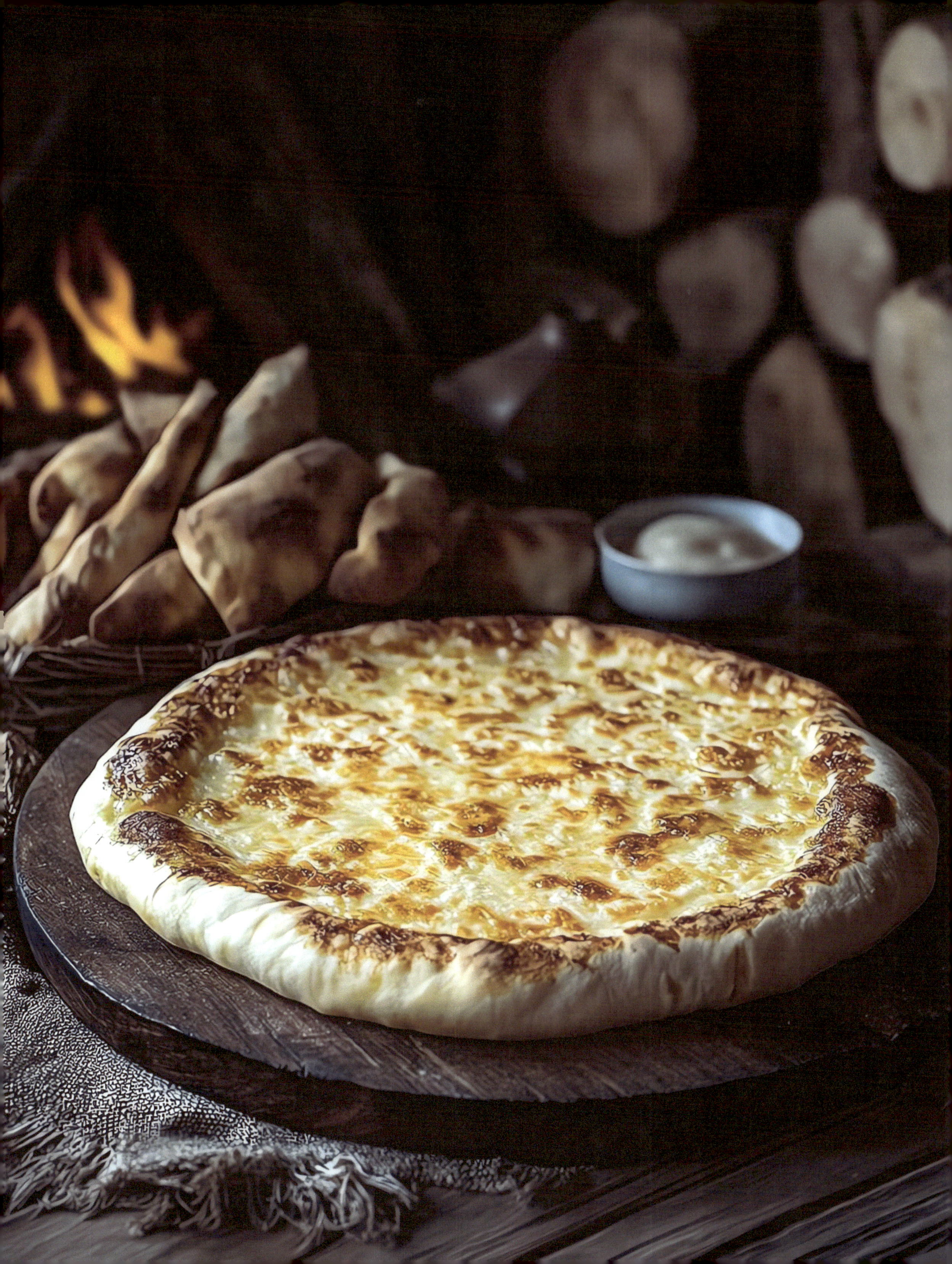

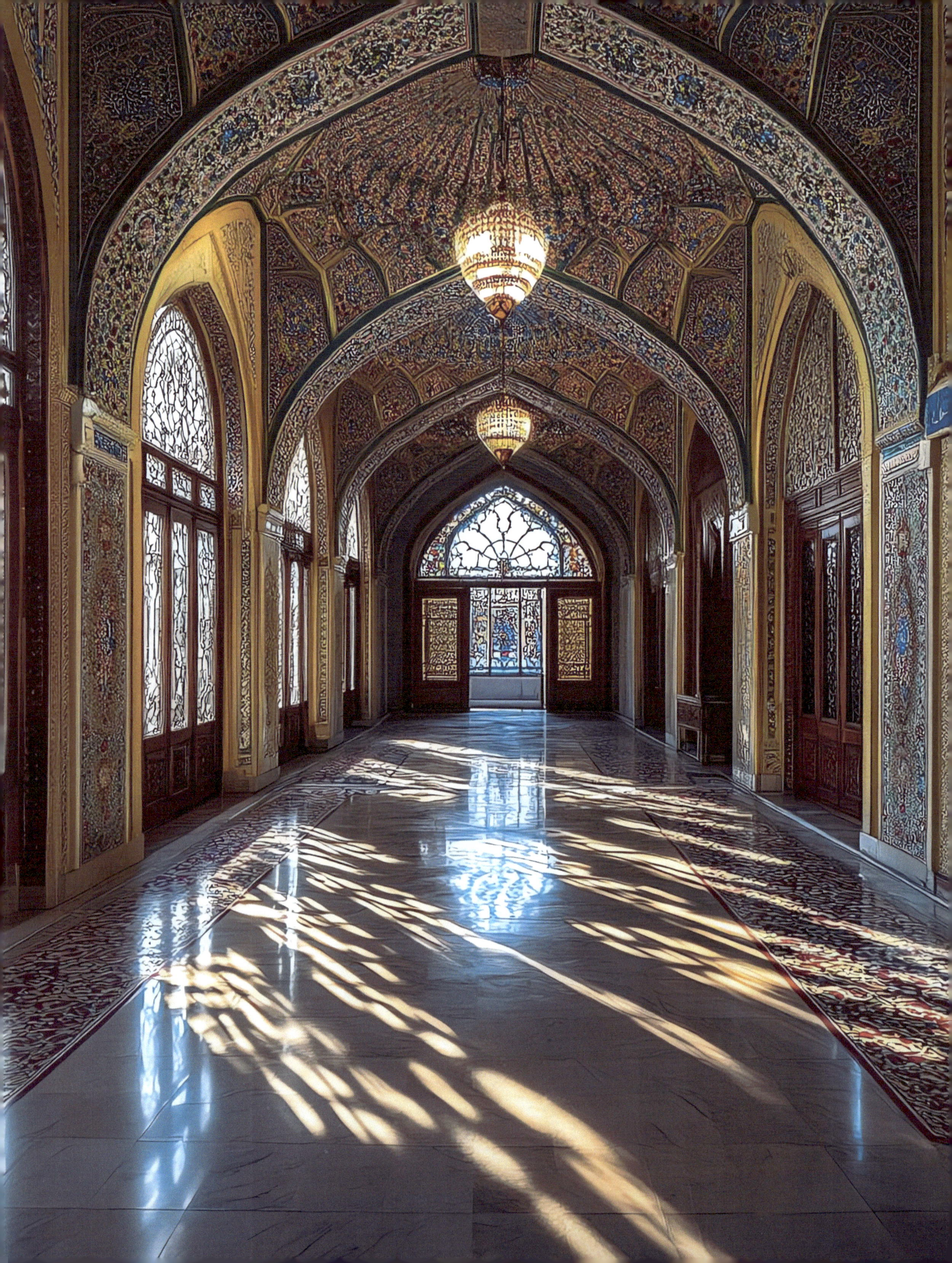

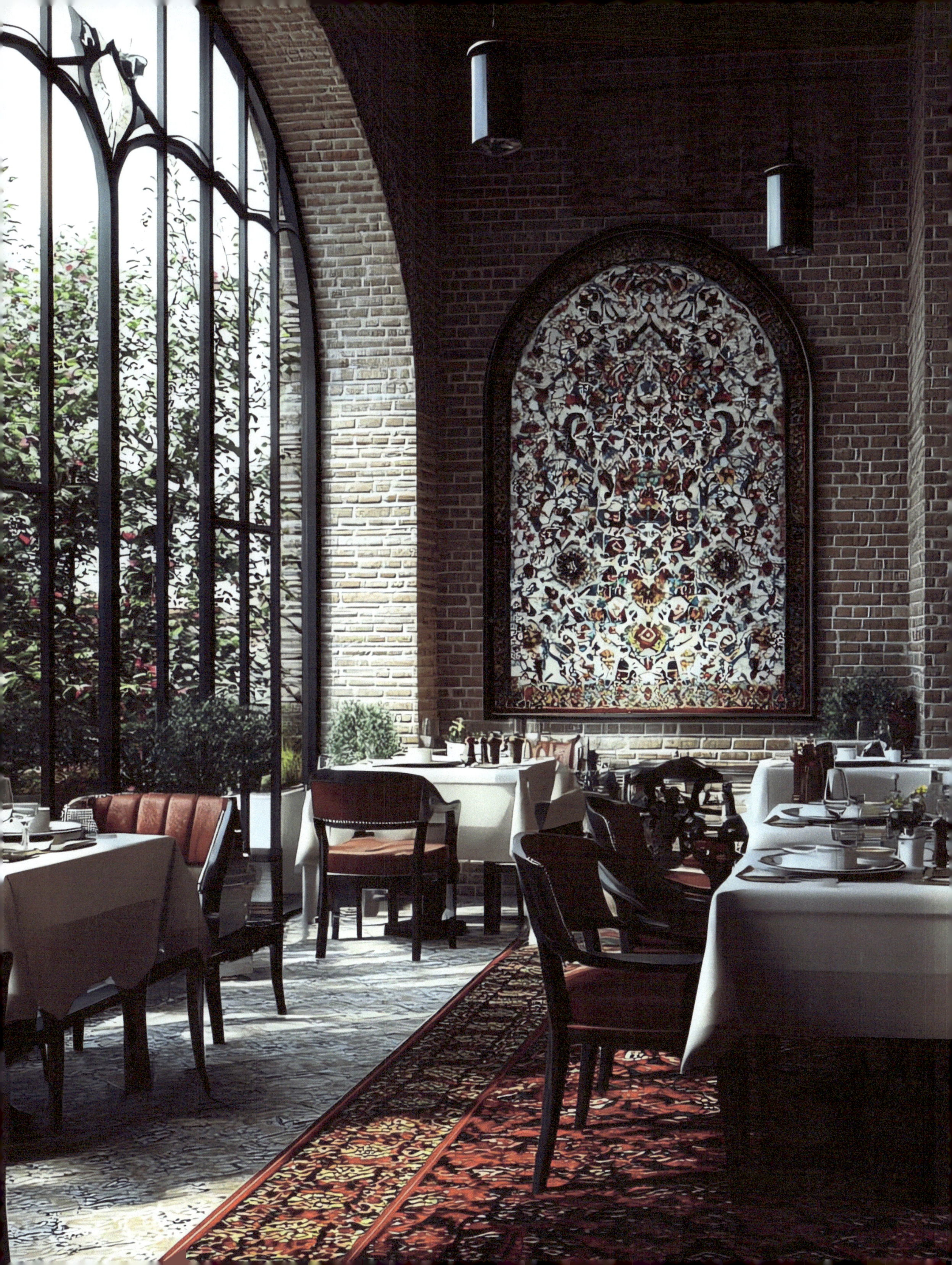

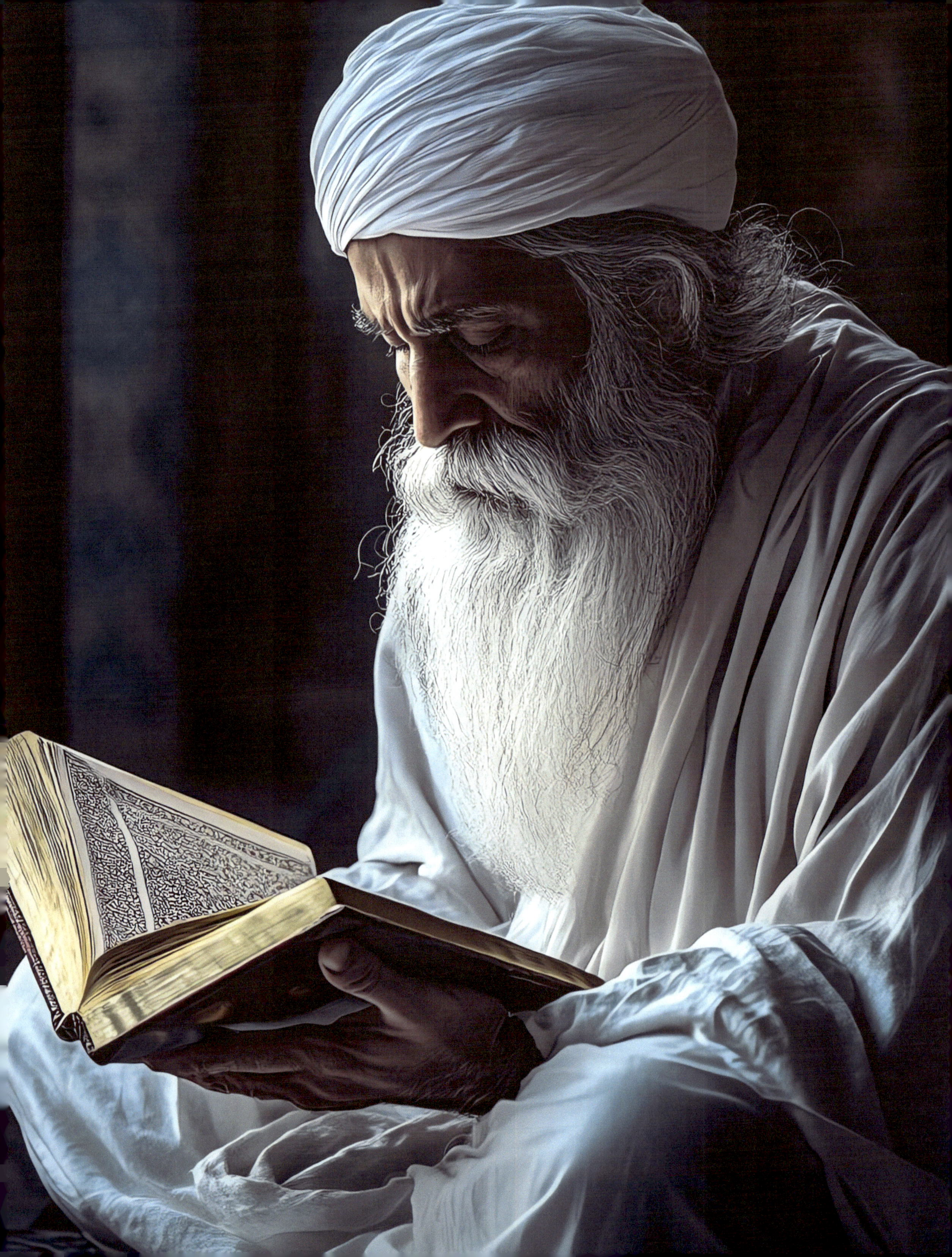

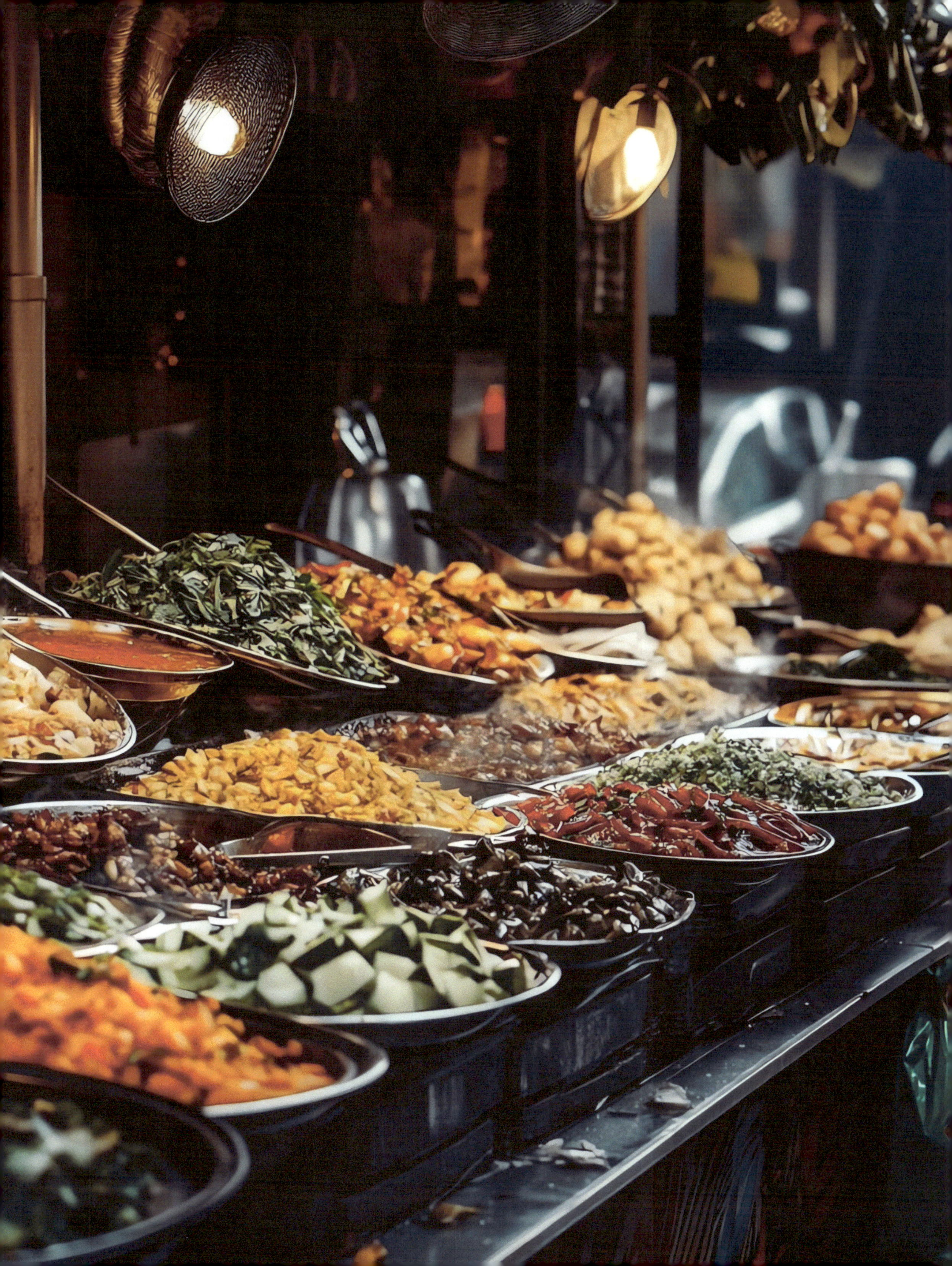

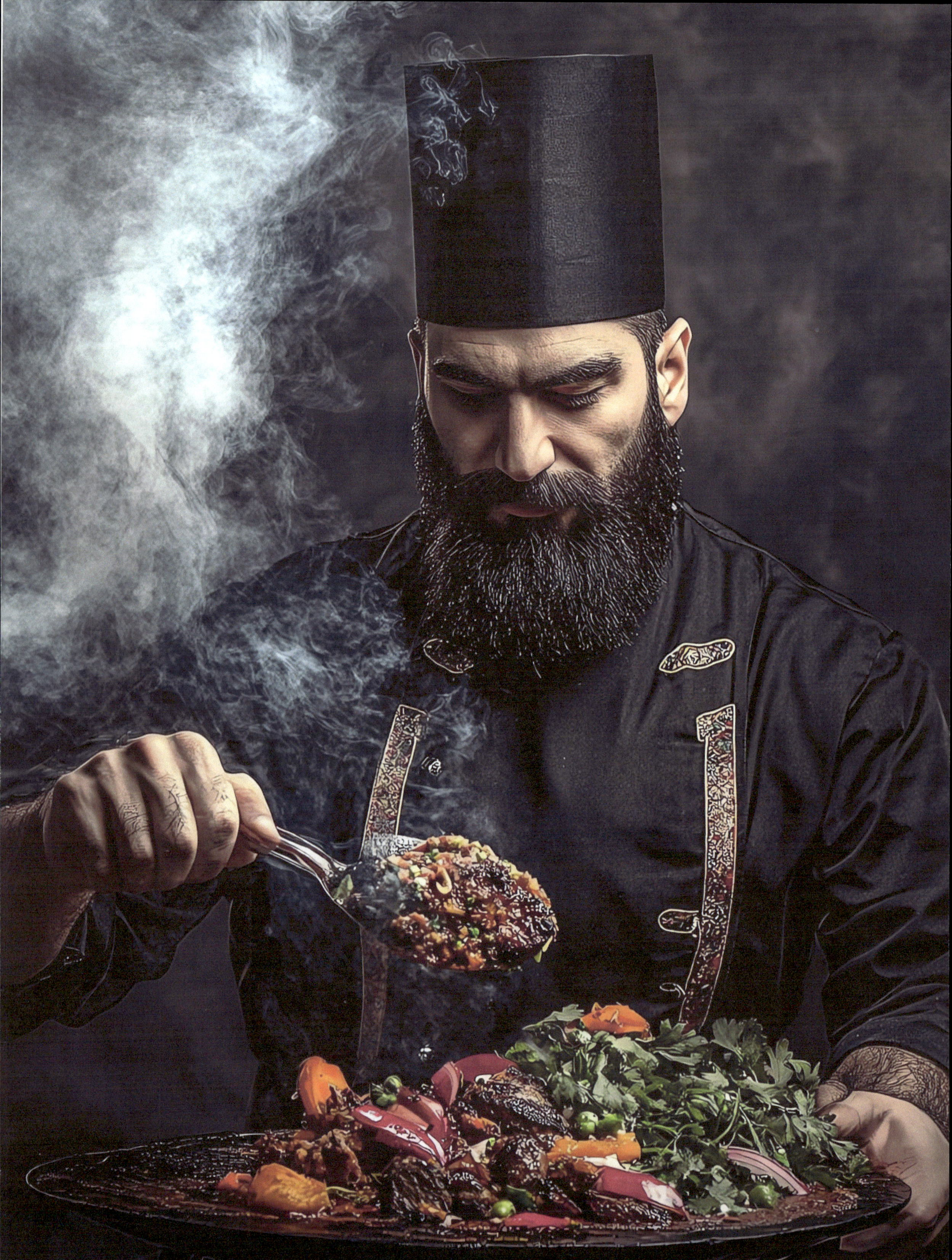

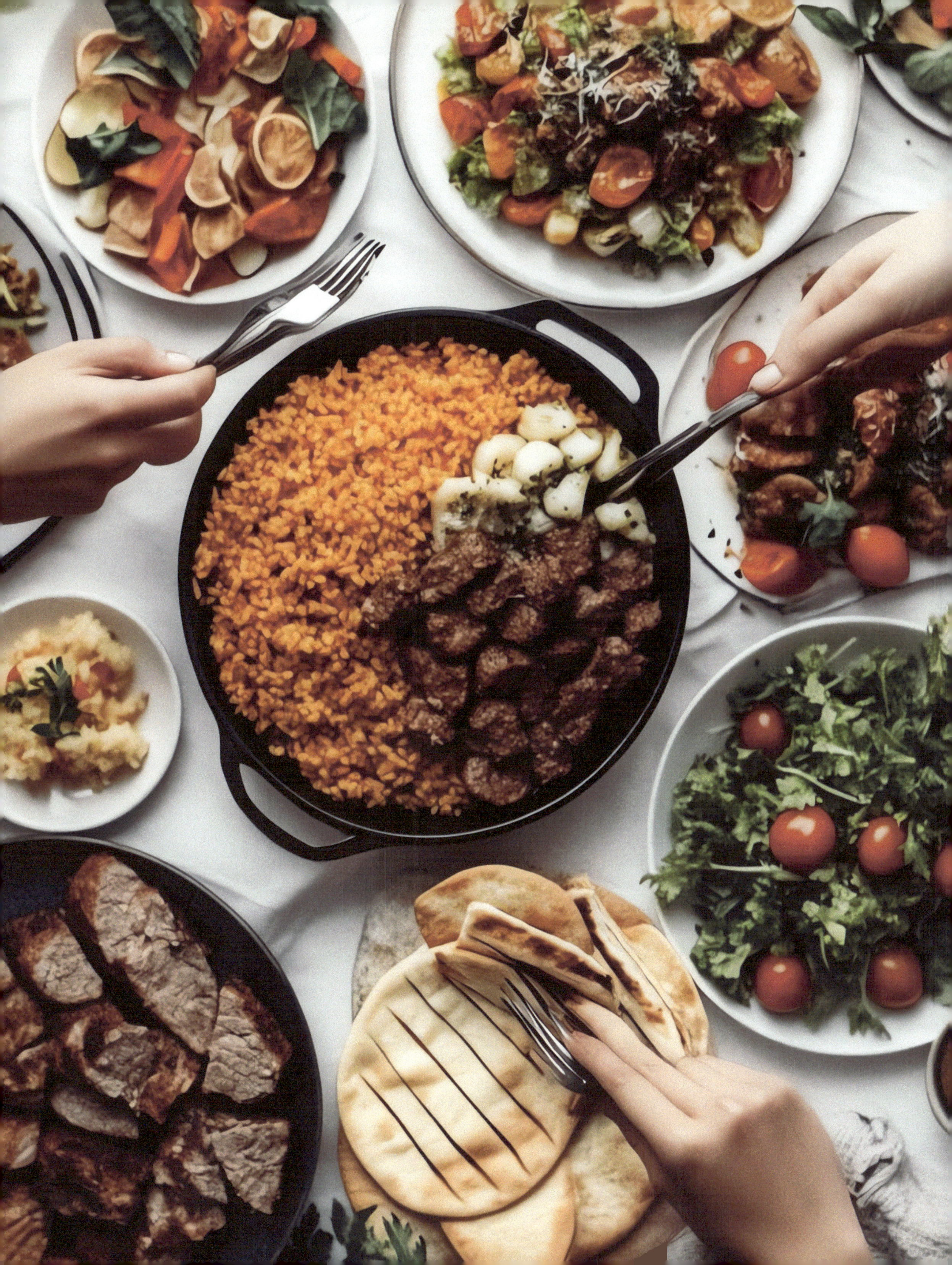

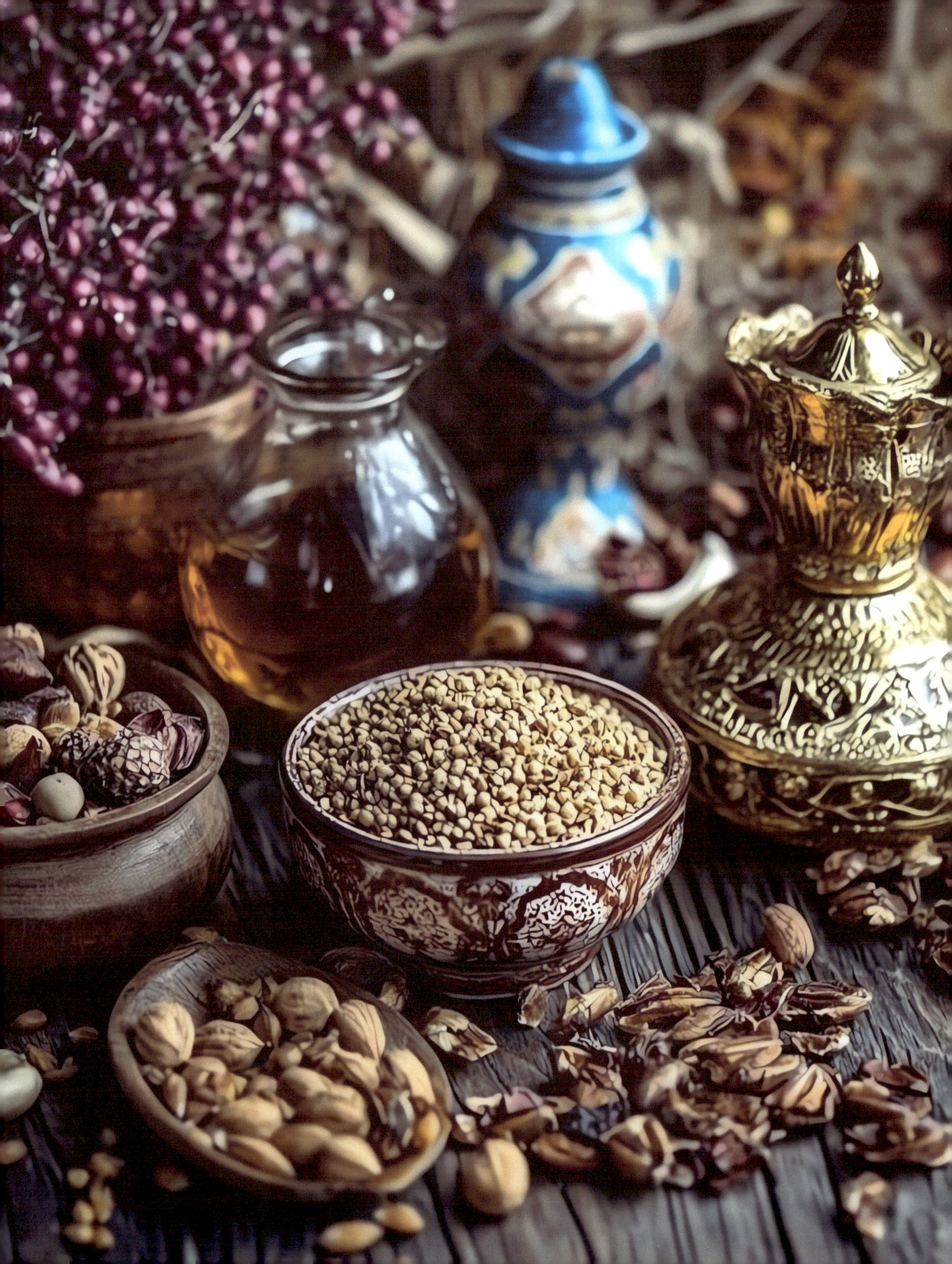

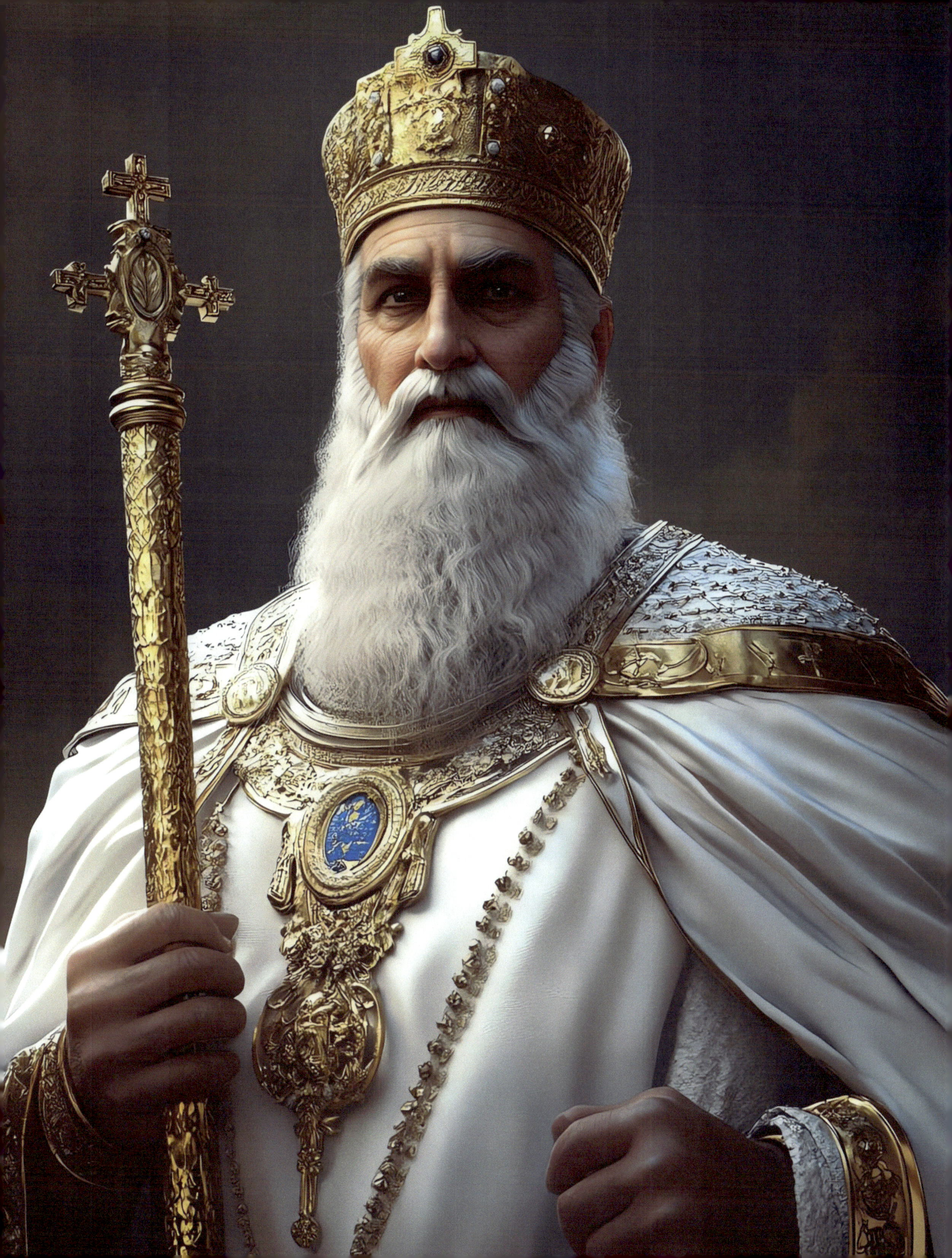

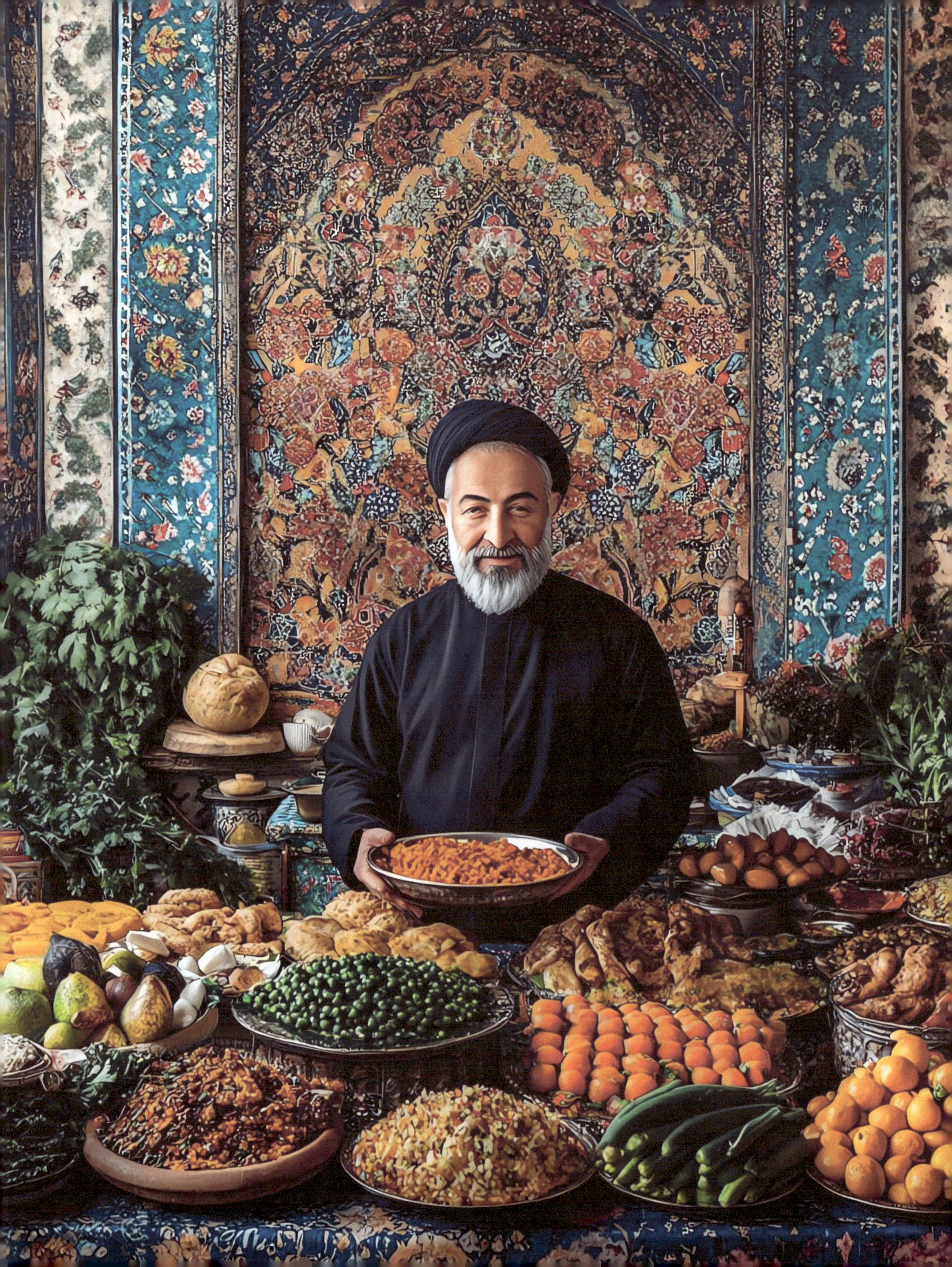

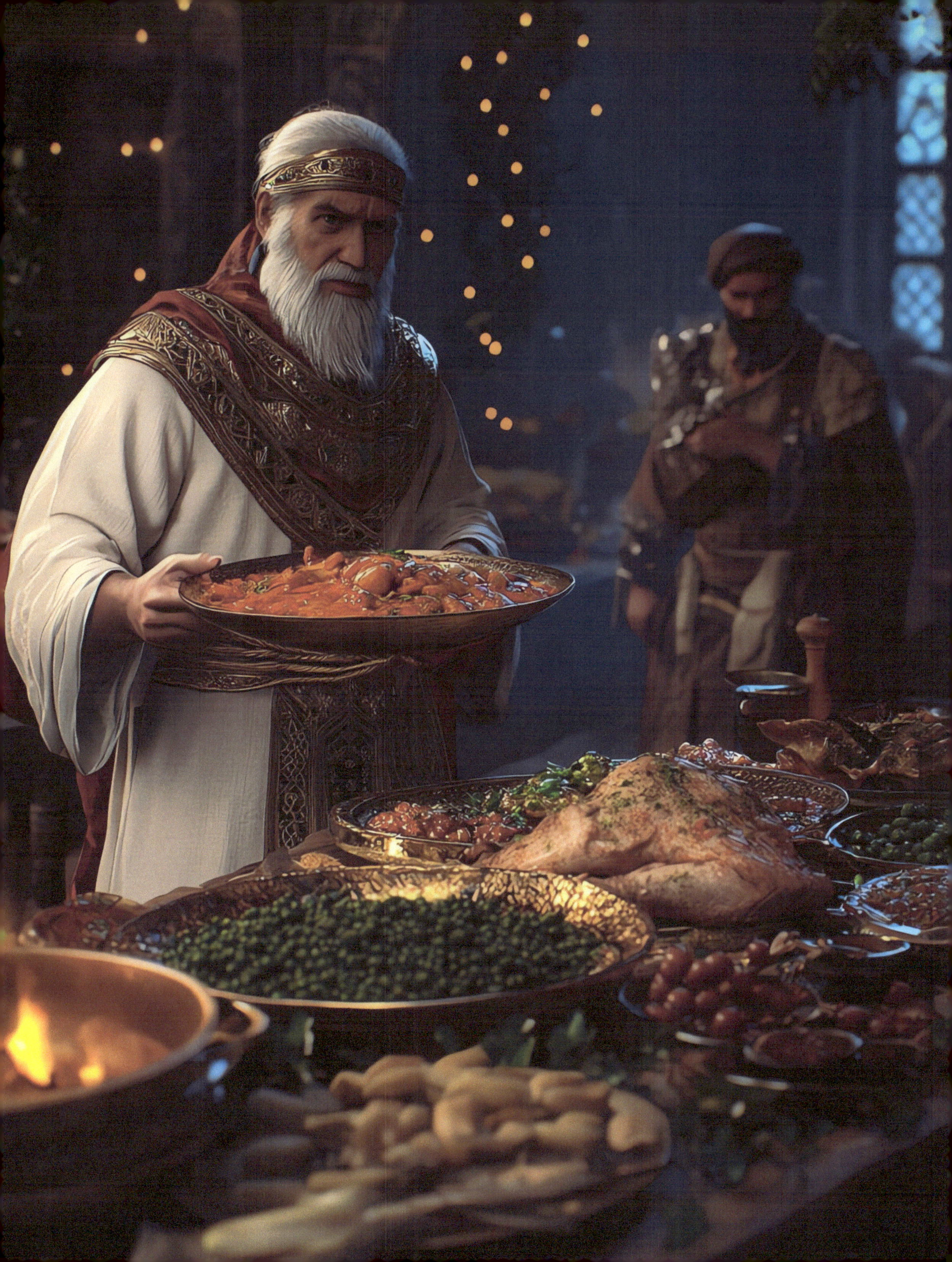

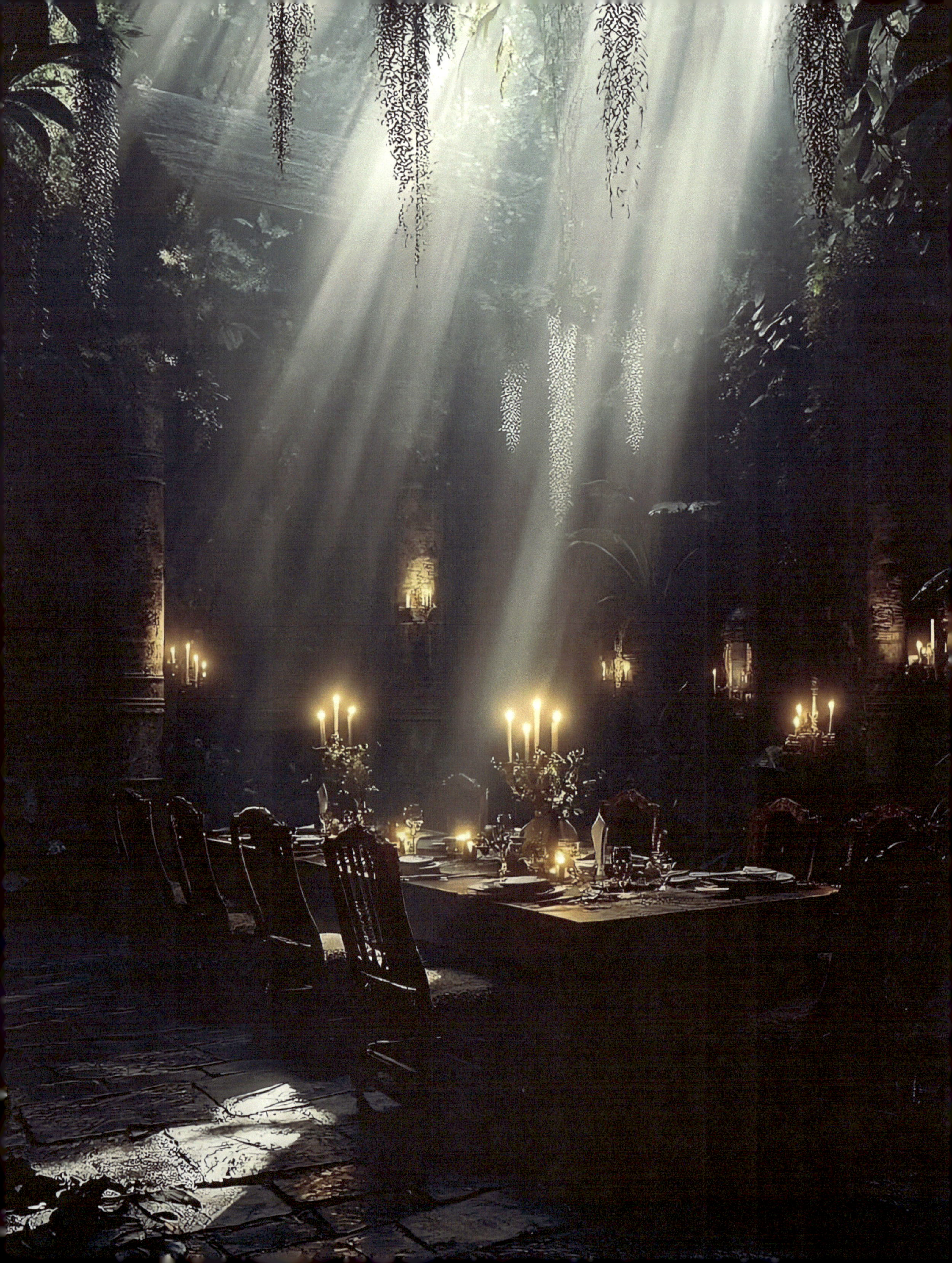

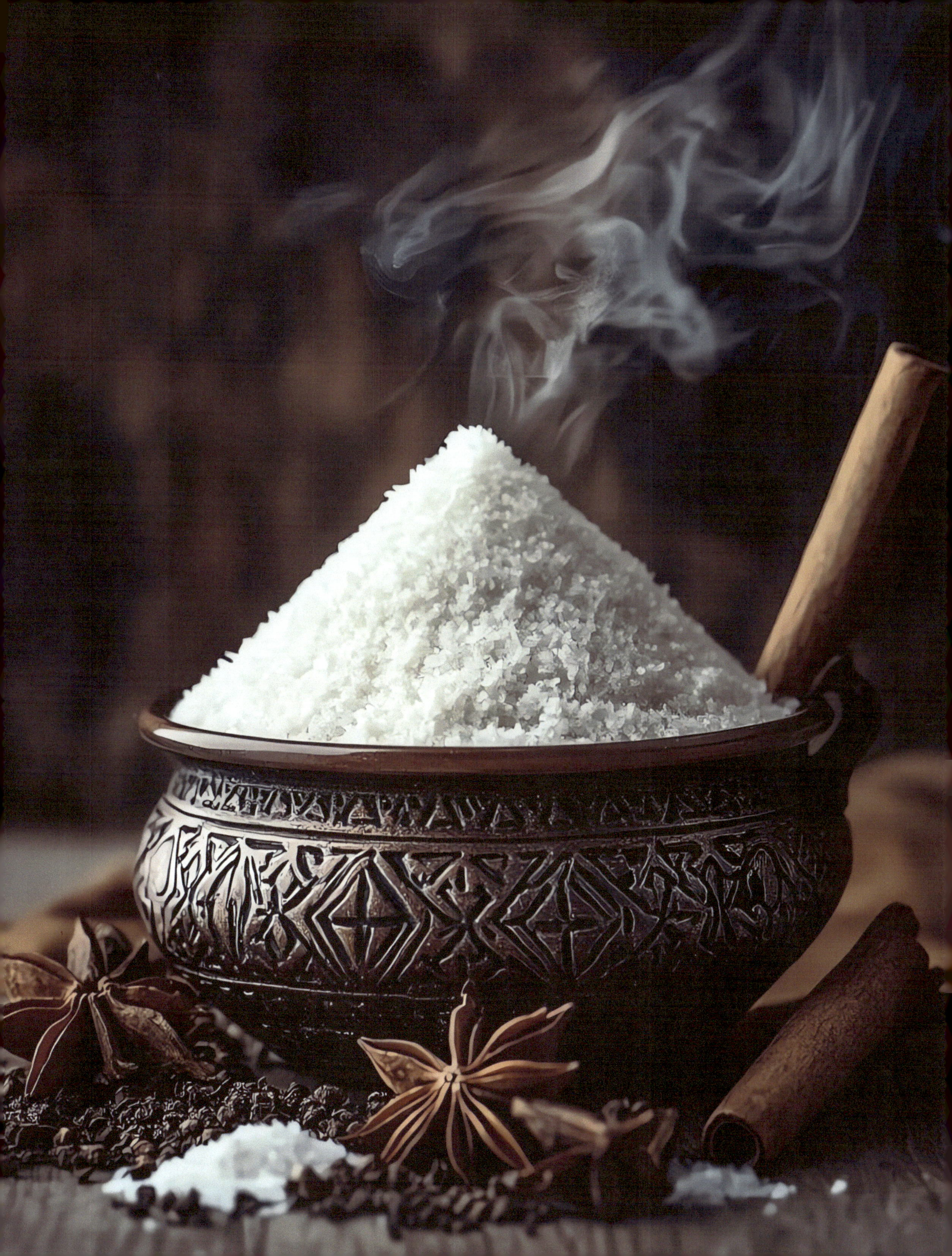

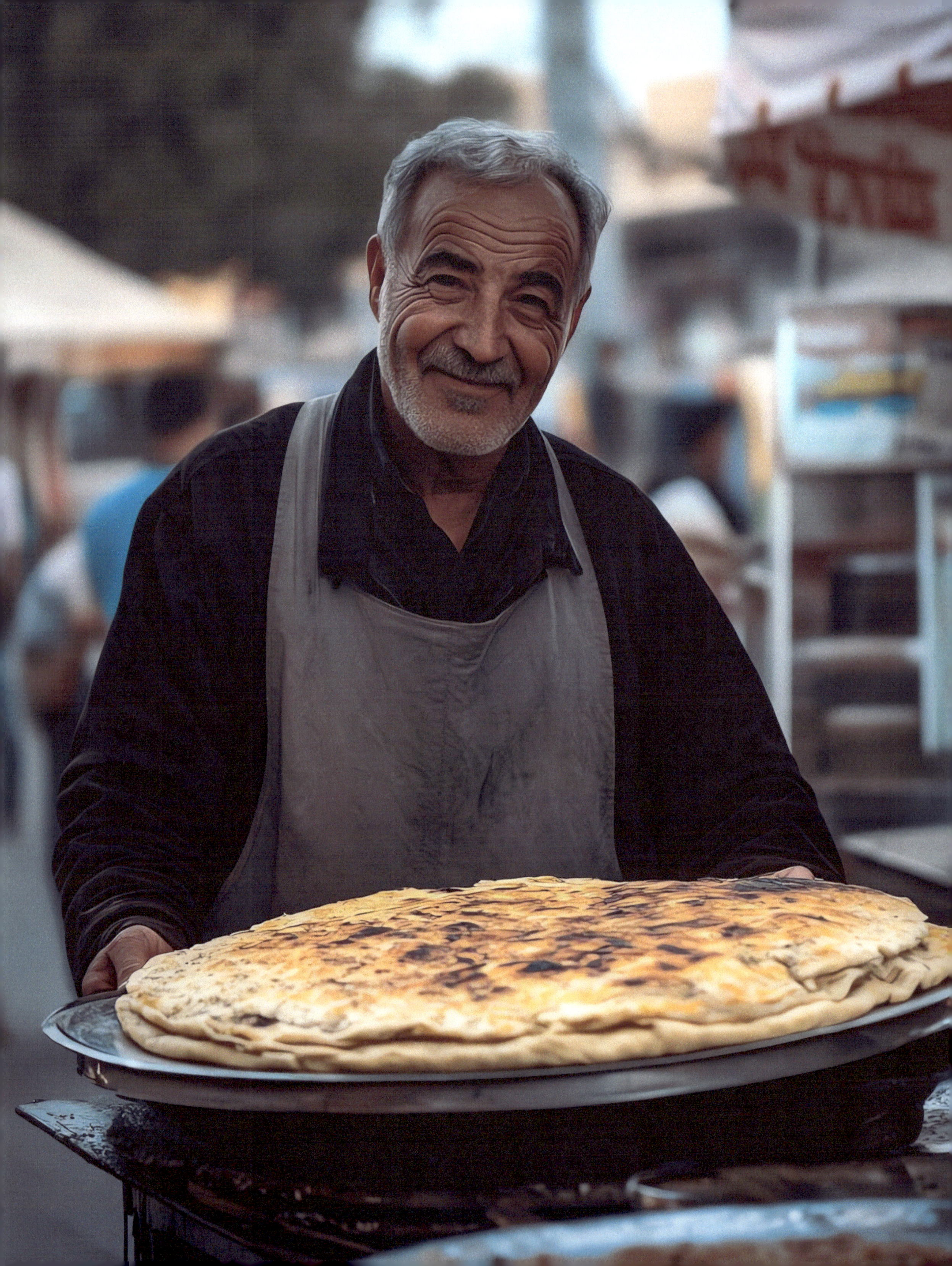

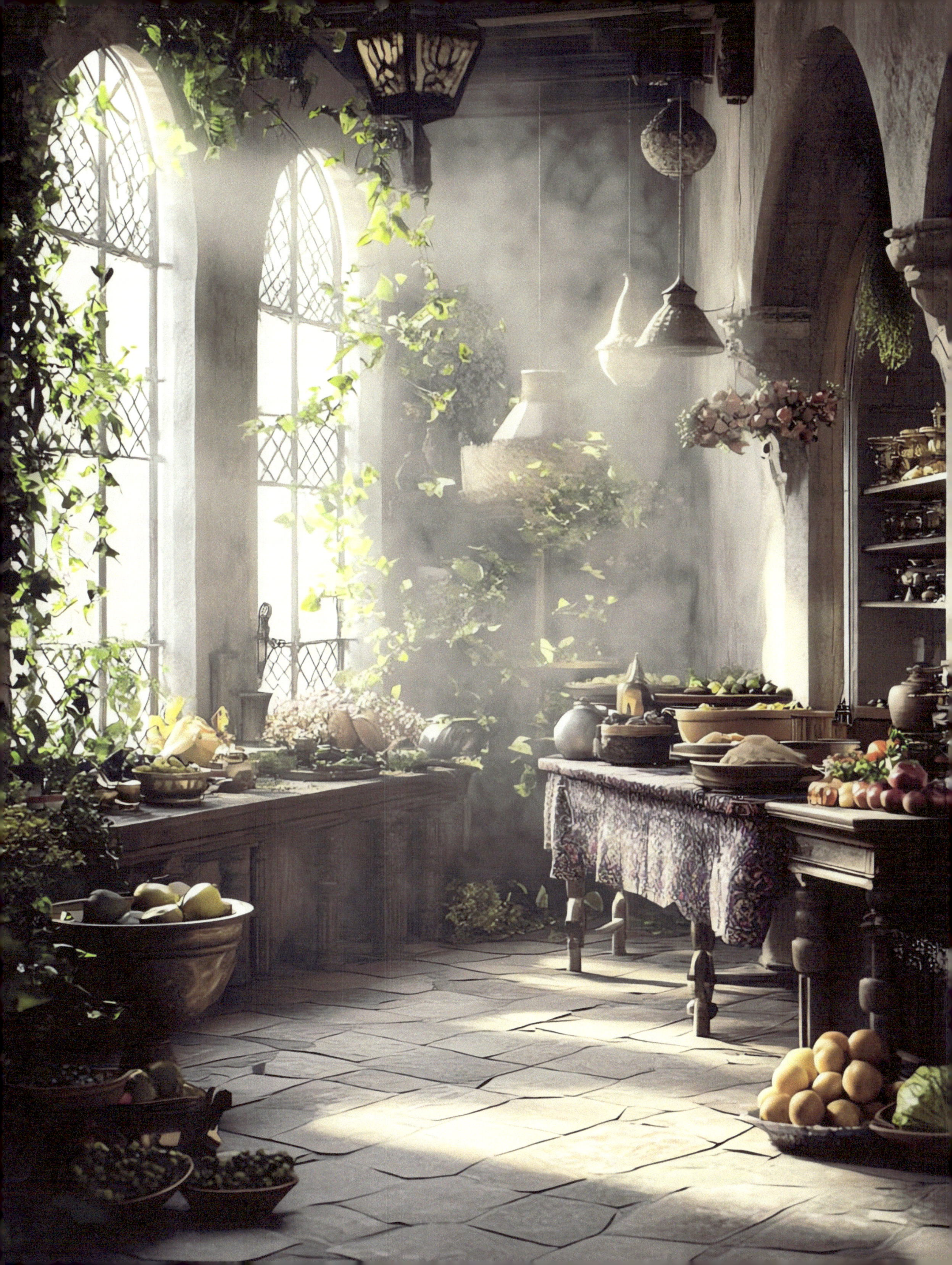

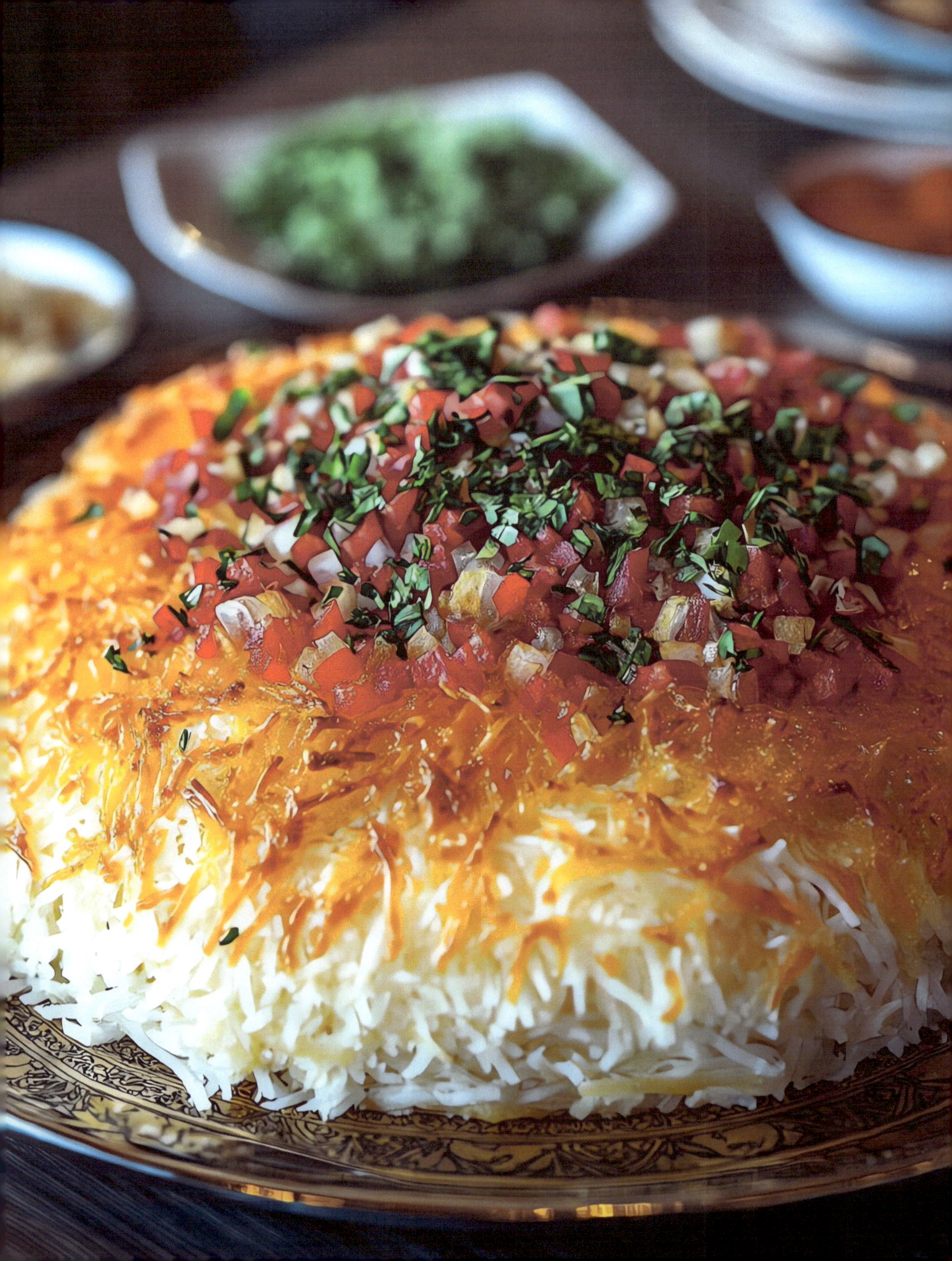

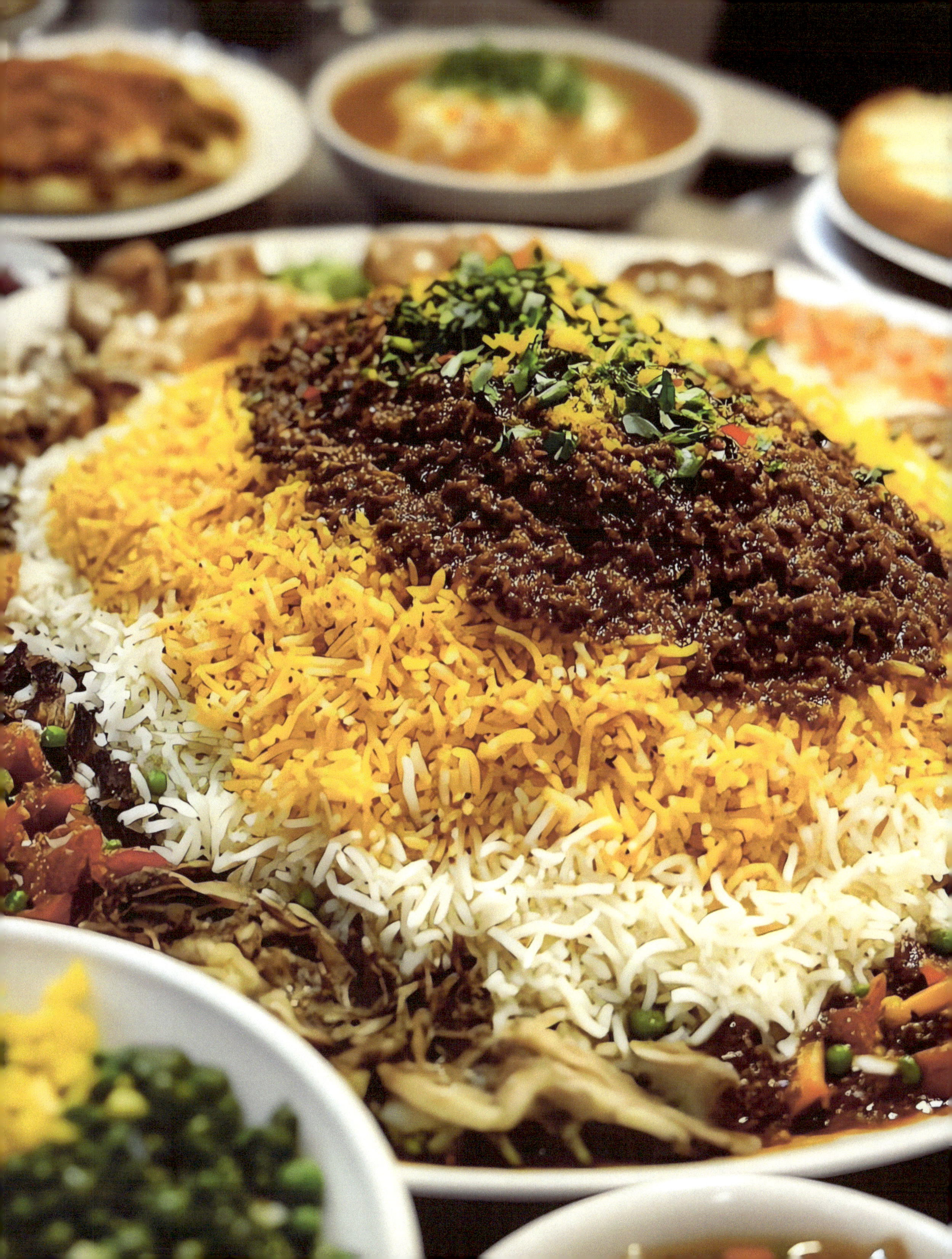

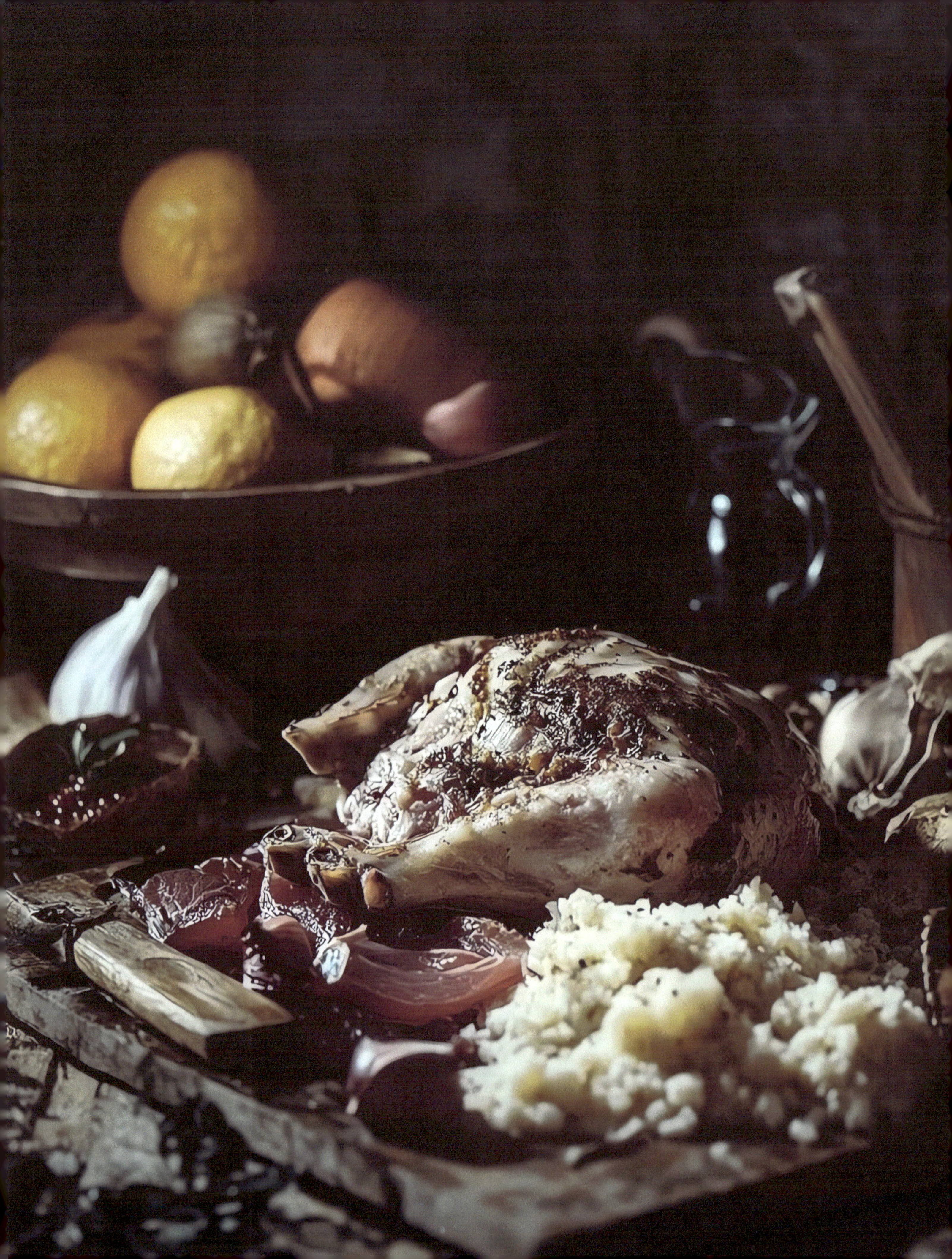

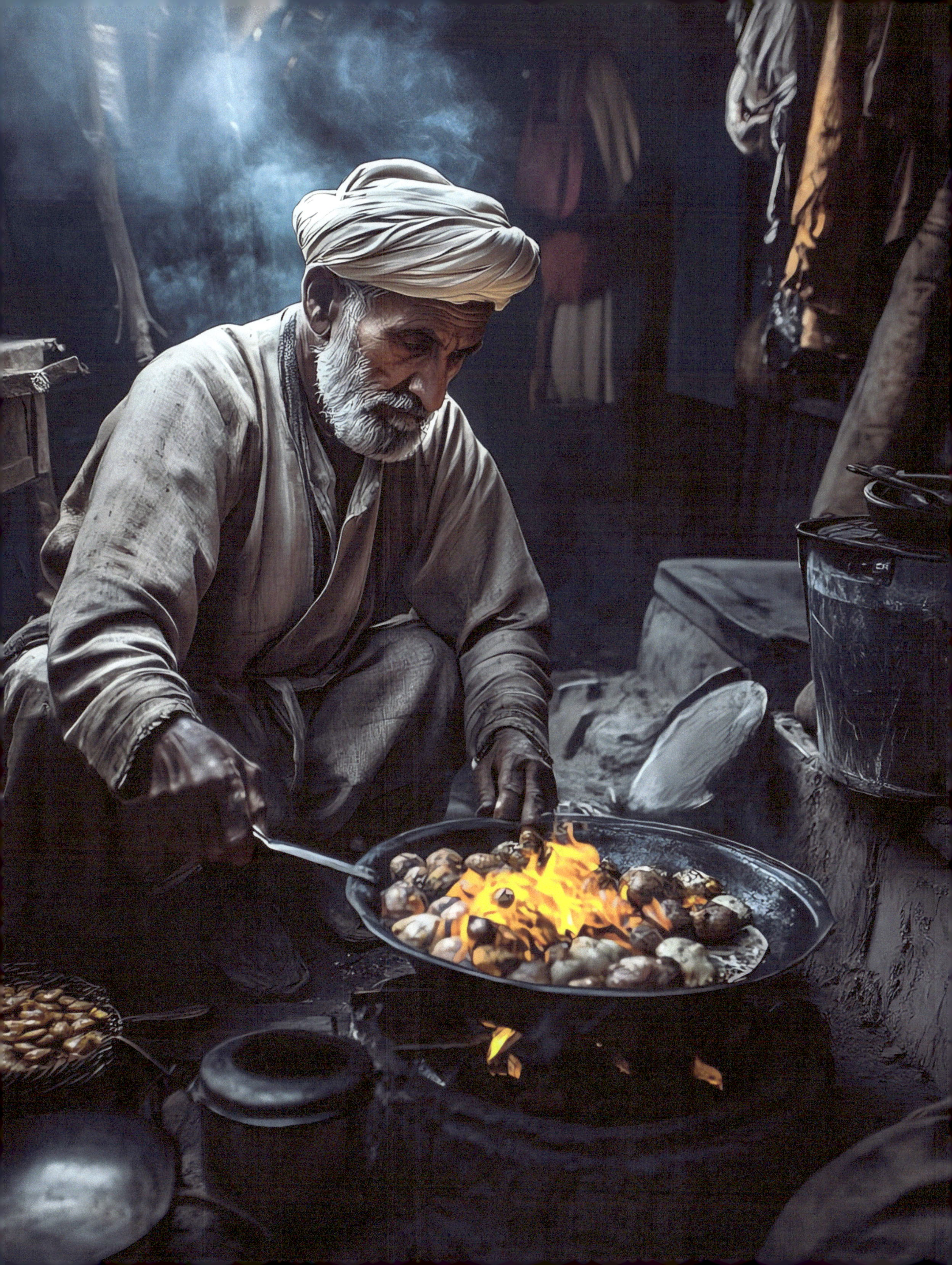

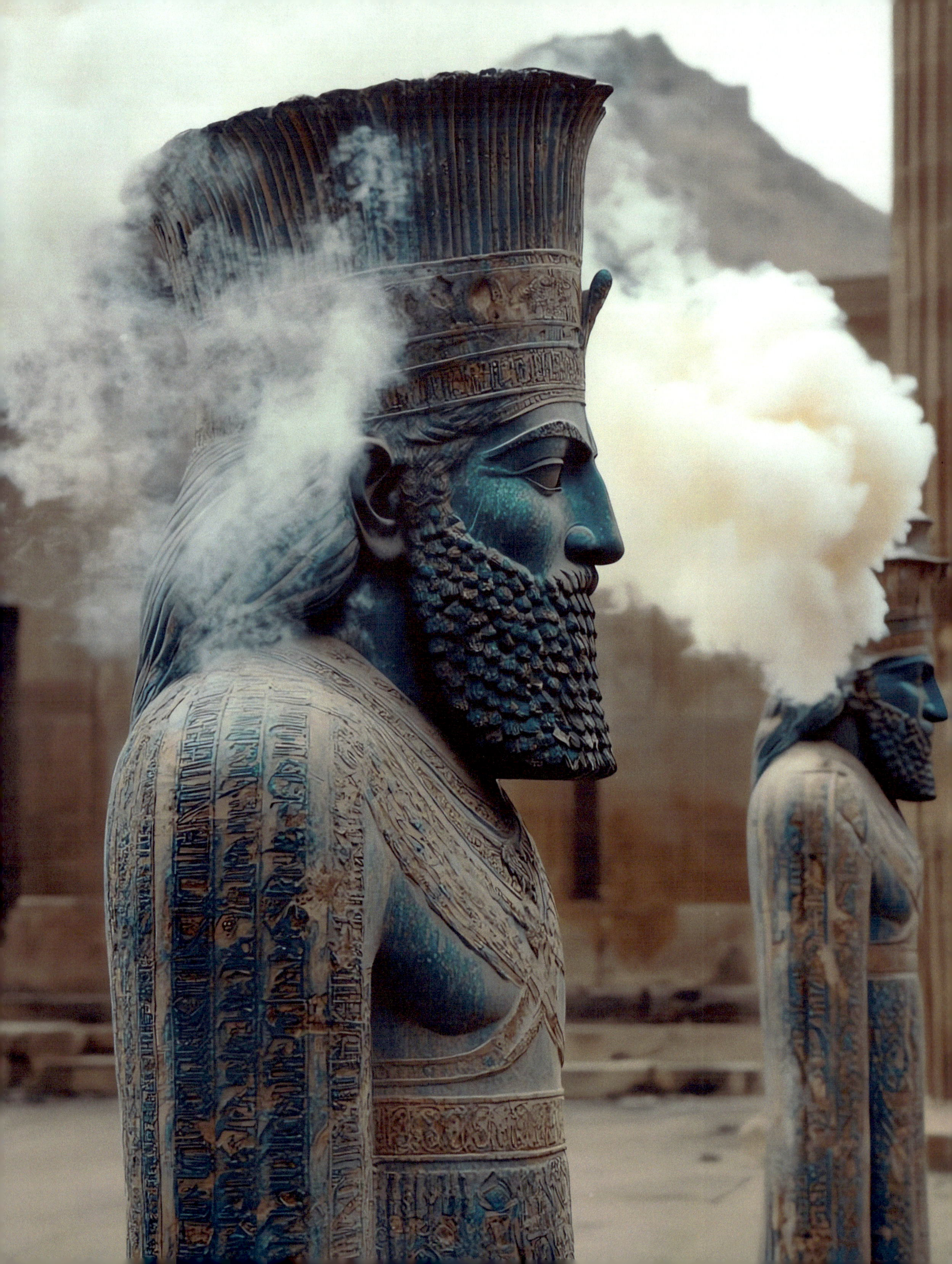